Paul HELLMAN

COMMENT RESTER SAIN D'ESPRIT **LORSQUE LE TRAVAIL VOUS REND FOU ?**

•MARABOUT•

Je dédie ce livre à Karen, Rebecca et Noah.

First published in the United States under the title : *Naked at work (and other fears)* by Paul Hellman.

Traduction : Magali Guenette.

Remerciements

Je dois tant à tant de pédagogues : des maîtres zen aux professeurs d'école de commerce, en incluant une bonne douzaine de psychologues. J'ai eu la chance d'en rencontrer certains personnellement, mais n'ai découvert la plupart d'entre eux qu'au travers de leurs œuvres.

Merci, donc, à ces lumières du présent ou du passé : Herbert Benson, Richard Bolles, Joan Borysenko, David Burns, Richard Carlson, Deepak Chopra, Ram Dass, Albert Ellis, Sigmund Freud, Charles Garfield, Gene Gendlin, Edward Hallowell, Thich Nhat Hanh, Douglas Harding, Laura Huxley, Tom Jackson, Carl Jung, Jon Kabat-Zinn, Arnold Lazarus, Fritz Perls, Edgar Schein, Martin Seligman, Barbara Sher, Hal Stone, Sidra Stone, Shunryu Suzuki, Charles Tart, Alan Watts, Ken Wilbur et Bernie Zilbergeld.

J'aimerais aussi remercier plusieurs journaux ou magazines : *New York Times, San Francisco Chronicle, Management Review* ainsi que l'émission de radio *Marketplace*, pour avoir à l'origine rendu publics les articles et commentaires que je commettais, et dont je réutilise ici de petits extraits.

Je suis également reconnaissant à CNN pour l'autorisation qui m'a été accordée de réimprimer de petites portions de mes commentaires diffusés dans l'émission *Business Unusual.*

Enfin, des remerciements tout spéciaux et toute mon estime à Sheree Bykofsky, Penne Franklin, Jennifer Heddle, Sallie Randolph, Janet Rosen, Hillary Schupf et Marie Timell.

« Tout le monde sur cette planète n'utilise
que trois pour cent de son cerveau. Trois à cinq pour cent.
C'est pour ça qu'on est là.
Donc, puisque vous venez de la Terre
où vous utilisiez si peu votre cerveau,
vous avez toutes les chances
d'avoir passé votre vie à gérer vos peurs. »

Albert Brooks, *Rendez-vous au paradis*

Sommaire

Introduction
Ce livre m'angoisse

Il existe un tas de livres de développement personnel, dont un qui attend patiemment depuis des années sur ma table de chevet. De temps en temps, je l'attrape et le feuillette. Aucun doute, ce livre m'apprend des choses utiles. L'autre soir, en quelques secondes, il m'a aidé à éliminer un problème très irritant : une araignée qui se baladait au plafond de ma chambre.

Tout le monde ne sait pas apprécier autant que moi l'utilité de ces livres. Certains sont bien trop optimistes. Pas celui-ci. Ici, j'essaie d'équilibrer les conseils pratiques par une dose saine d'inquiétudes quotidiennes, de petits soucis et d'incertitudes.

Pourquoi ? Parce qu'il est bon de savoir avouer ses préoccupations et de se rendre compte que d'autres les partagent — notamment au travail (thème clef de ce livre), un lieu où nous avons peu l'occasion de dévoiler notre vulnérabilité. Bien que nous *ayons parfois l'impression* d'y être nus comme des vers, personne ne souhaite vraiment se promener en tenue d'Adam ou d'Ève au bureau.

Nous habillons généralement d'un voile pudique nos incertitudes et agissons au boulot comme si nous étions *tout à fait* sains d'esprit. Mais, soyons honnêtes : nous présentons tous diverses facettes, dont l'une pourrait bien être « je panique pour un oui ou un non », et surtout pour un « non », non ?

Il faut dire que nous avons de quoi nous inquiéter, outre les « oui » ou les « non ». Vous pourriez, par exemple, craindre que ce livre ne contienne pas assez d'informations intéressantes. Et, puis : « Ce bouquin est-il vraiment un livre ? Oui ou non ? »

De quoi parle ce livre ?

Une partie de ce livre parlera de l'inquiétude et réfléchira sur les moyens de moins s'inquiéter. Nous rechercherons pour cela la cause de nos angoisses, qui est en fait, de manière assez surprenante, notre esprit. Derrière chacune de nos inquiétudes se cache l'une de nos pensées.

Ce matin, votre chef vous a regardé de travers. Mais ce n'est pas ce regard qui vous inquiète, mais bien l'idée que vous vous en faites : est-ce qu'il va me virer ? Est-ce que je ne suis pas assez bien habillé aujourd'hui ? Ou bien est-ce que je vais me faire virer justement parce que je ne suis pas assez bien habillé ?

Il s'agit, par conséquent, aussi d'un livre sur la pensée.

Nos pensées donnent forme à la réalité : elles sont notre façon de raconter la réalité, comme nous pouvons le constater dans l'exemple qui suit.

Un jour, un homme découvre un splendide étalon sauvage sur sa propriété. Ce cheval n'appartenant à personne, il devient donc la propriété de cet homme.

— Quelle chance, déclare le voisin.

— Ch'sais pas. On verra, répond notre homme.

Le lendemain, son fils selle l'étalon, le monte, en tombe et se casse une jambe.

— Pas de bol, déclare le voisin.

— Ch'sais pas. On verra, lui répond l'homme.

Le lendemain, les recruteurs de l'armée passent et réquisitionnent tous les jeunes pour la guerre. Le fils est épargné car il a la jambe dans le plâtre.

— Quelle chance…

— Ch'sais pas. On verra…

(Cette histoire pourrait continuer à l'infini, mais vous vous demandez sans doute ce qu'il est advenu de ce bel étalon… Je crois qu'il a été réquisitionné !)

« Rien n'est bon ni mauvais en soi, disait Shakespeare, tout dépend de ce que l'on en pense. »

Si la pensée en décide ainsi, il pourrait être utile de savoir comment elle fonctionne — ou plutôt comment il arrive qu'elle ne fonctionne plus, car la plupart du temps nous réfléchissons de manière irrationnelle. Ce livre nous expliquera pourquoi et comment. Il nous parlera des circonstances, des gens, de nous et nous enseignera comment réfléchir différemment à propos de tout cela.

Nous étudierons, outre la *qualité* de nos réflexions, leur *quantité*. Nous cogitons sans cesse, et surtout sans le savoir. N'avez-vous jamais eu du mal à vous endormir parce que vous n'arriviez pas à arrêter de penser au boulot ?

Attention, je ne vous parle pas de la difficulté qu'il y a à s'endormir *pendant* le travail, bien qu'il ne fasse aucun doute qu'arriver à s'assoupir au beau milieu d'une réunion est aussi un défi digne d'être relevé. Tomber de sommeil dès le début de la réunion n'est d'ailleurs pas plus facile.

Mais, il peut être tout aussi difficile de rester éveillé — et concentré.

Bref, au travail comme à la maison, notre esprit s'encombre souvent d'un tas de pensées qui kidnappent notre attention.

La plupart de ces idées tournent autour des histoires sans fin de nos vies. Rien de plus simple que de se laisser emporter par les hauts et les bas de nos tragédies d'un jour, que de perdre le fil au point de ne plus savoir qui l'on est vraiment.

Mais, qui sommes-nous en fait ?

(Ou, comme ma mère me le rappelait si souvent : « Pour qui tu te prends ? » Généralement, elle posait la question lorsqu'elle était en colère, ce qui me semblait le moment le moins bien choisi pour m'engager dans ce genre de méditations philosophiques.)

Ce que nous sommes reste un mystère défiant tout entendement. Sous nos soucis se cachent nos pensées et, sous nos pensées, se terre le mystère de ce que nous sommes, bien enfoui sous toutes les idées que nous nous faisons de notre petite personne.

Espérons seulement que nous ne sommes pas la somme de nos soucis, sinon nous n'avons pas fini de tourner en rond.

En résumé, si vous voulez un conseil avisé pour moins vous inquiéter et réfléchir plus efficacement ainsi qu'un regard neuf sur la question existentielle et universelle « qui suis-je ? », pas de doute, vous devriez lire le bouquin qui traîne sur ma table de nuit… Ou alors, lisez celui-ci.

Partie I contre partie II

Ce livre est divisé en deux parties : la première concerne les problèmes ; la seconde, les solutions — ou, du moins, les stratégies pour affronter ces problèmes.

Je vous vois venir : « J'ai déjà assez de problèmes, est-ce que je peux passer directement à la partie II ? »

Vous *pourriez*, mais la première partie a pour but de nous faire comprendre *pourquoi* certains problèmes surviennent inévitablement dans un environnement professionnel, notamment ceux liés aux circonstances de la vie (des longs trajets aux délais trop courts), à cette foule de gens qui nous entourent (y compris à votre chef qui vous regarde de travers) et à nous-mêmes (y compris à nos erreurs, à nos revers et à nos inquiétudes quant à la feuille de salade qui serait coincée entre nos dents).

Nombre de ces problèmes sont totalement hors de notre contrôle, ce qui les rend encore plus graves — en apparence (exception faite, peut-être, de la feuille de salade).

Avoir le contrôle d'une situation est certes important, mais si vous ne pouvez pas contrôler un problème donné, ce que vous pouvez maîtriser c'est votre façon de le considérer — le poids que peut avoir votre réflexion pour finalement changer ce problème.

La seconde partie expose certaines tactiques permettant d'affronter les difficultés découlant des circonstances de la vie, de notre ego et des autres gens en modifiant la qualité de nos pensées, et leur quantité.

Ces méthodes nous permettent de mieux contrôler et diriger les situations. Elles sont comme un cours accéléré pour apprendre à gérer et à diriger nos pensées. Dans la première partie, l'acronyme CHEF sert à identifier trois grands types de « raisonnements irrationnels » (liés aux **c**irconstances (mal)**h**eureuses, à notre **e**go et à la **f**oule de gens qui nous entourent). Dans la seconde, les initiales PDG nous aident à décrire trois grands modes de réflexion pouvant nous être utiles pour maîtriser ces situations (**p**ourfendre nos pensées pour mieux les **d**ynamiser et **g**agner de la hauteur).

Nos 117 principales angoisses

Tout au long des deux parties de ce livre, vous retrouverez des « angoisses » ayant un lien avec le travail (117 angoisses). Je les ai réparties dans des textes en retrait. Ce sont nos rêves et nos fantasmes qu'il est, comme tout psychologue freudien le sait, très important d'étudier si l'on souhaite percer le mystère du vécu humain sans devenir rat de bibliothèque.

Les inquiétudes existent sous toutes sortes de formes et de tailles, et ces cent dix-sept-là vont du petit souci (comment s'habiller décontracté) aux grosses détresses (perdre son emploi).

Ces angoisses sont comme des illustrations, des bandes dessinées, liées chacune au contenu du texte principal.

C'est comme si un parent un peu nerveux écoutait la conversation principale en prêtant attention à une ou deux phrases, puis se déconnectait complètement pour revenir à ses soucis. Qu'il est bon de savoir que l'on peut s'inquiéter de *tout* ! Cela rassure… et vous serez également soulagé de reconnaître au moins 117 de vos angoisses.

N'allez pas penser que ces angoisses représentent le côté *négatif* du livre. Après en avoir pris connaissance, vous en conclurez qu'il est vraiment inutile de s'inquiéter pour les mêmes choses jour après jour.

Pourquoi ne pas angoisser sur quelque chose de *différent*, pour changer un peu ? Ce livre aura du moins l'avantage d'élargir votre éventail de craintes et de tourments.

Peut-être vous aidera-t-il aussi à prendre du recul.

Le rythme fait partie du message

Ce livre est conçu comme une méditation. En méditation, comme dans la vie, on se laisse facilement distraire et déstabiliser par les soucis. Nous commençons la journée concentré (dans le cas de cet ouvrage, la concentration porterait sur le texte principal), et nous nous dispersons sans cesse (ce sont nos 117 angoisses).

Le livre bouge au rythme de notre esprit, dans des allers et retours incessants entre le texte principal et les angoisses, entre sagesse et peur, entre la question de savoir qui nous sommes et tous les petits tracas qui nous en éloignent.

Autre partie du message : nous sommes plus sages que nous ne le pensons et plus angoissés que nous ne l'admettons.

Vous pouvez lire ce livre de plusieurs façons : approche *classique*, page à page, en passant du principal à l'accessoire ; lecture plus *technique*, en ne lisant que le texte principal pour en retenir les stratégies ; ou encore la méthode de la *pioche*, en feuilletant le soir, au lit, quelques textes sur les angoisses, histoire de mieux dormir.

Quoi qu'il en soit, texte principal et texte en retrait ont le même objectif : permettre de prendre du recul.

Rapide QCM sur CQFD

Avant de commencer, voici un petit QCM pour vous donner un aperçu du contenu du livre. Il y a une question par chapitre ainsi qu'une question bonus.

(Chaque réponse correcte donne un point.)

Chapitre 1 : 60 000 pensées par jour, ça ne peut pas faire de bien

(Commençons par une question facile pour nous mettre en train.)

Combien de pensées avons-nous par jour ?

a. Un nombre infini… à quelques douzaines près.
b. 60 000.
c. 6.
d. -6.
e. Ne pas déranger, je rêvasse !

(Réponse : B – comme vous l'aviez probablement deviné au titre.)

Chapitre 2 : Circonstances (mal)heureuses

Je sais que je serai enfin heureux dès que :

a. J'aurai un meilleur boulot.
b. J'aurai plus d'argent.
c. J'aurai un plus grand bureau.
d. J'aurai une bonne mutuelle dentaire.
e. J'aurai trouvé une autre réponse.

(Réponse : toutes les réponses sont bonnes, mais je dirais qu'en termes de bonheur parfait, la mutuelle dentaire vaut à peu près autant que n'importe quel autre point. Dès que vous avez une bonne mutuelle, vous n'avez plus aucune bonne raison de fuir le dentiste. Or, une visite chez le dentiste nous rend rarement heureux.)

Chapitre 3 : L'ego

L'ego, c'est :

a. Se faire un sang d'encre chaque fois que l'on fait une erreur, même sur un texte ridicule comme celui-ci.
b. La petite voix qui vous répète sans arrêt que, quoi que vous fassiez, ça n'est jamais assez.
c. Essayer en permanence d'épater les autres, même si vous fréquentiez déjà ces mêmes autres à l'école, il y a vingt ans. (Trente ans ? Bon, d'accord, trente ans !)

d. Essayer de compenser le vide intérieur que vous ressentez parfois alors que vous vivez une vie très intense et consommez des litres et des litres d'eau minérale.
e. Toutes les réponses précédentes.
(Réponse : E.)

Chapitre 4 : La foule

Concernant la foultitude de gens qui nous entourent, trouvez la réponse « rationnelle ».
a. Ils en ont tous après moi.
b. Ils ne cherchent rien du tout, mais sont simplement très stressés et essayent à leur façon de m'embêter.
(Réponse : B. C'est une question piège, car certaines personnes en ont certainement après vous, mais ça n'a sûrement rien de personnel.)

Chapitre 5 : Pourfendre nos préjugés

Parmi ces affirmations, laquelle n'est pas un préjugé sur votre patron.
a. Mon patron pense que je suis fantastique.
b. Bien que mon patron m'adore, nous ne serons jamais bons amis.
c. Mon patron se moque de mon bien-être.
d. Mon patron me déteste.
e. Mon patron a passé son temps à nettoyer son fusil pendant mon dernier entretien d'évaluation.
(Réponse : E, puisqu'il s'agit d'un fait observé et non d'une interprétation. Dans le cas « e », le préjugé serait de penser que, puisqu'il nettoyait son fusil, vous feriez mieux de changer de patron.)

Chapitre 6 : Dynamiser nos pensées

À la question « à quoi cela peut-il me servir ? », vous répondez :
a. C'est le meilleur moyen de voir votre bureau encombré d'un tas de choses inutiles.

b. C'est une façon réaliste d'exprimer votre fascination pour les ordinateurs, les photocopieurs et tous les équipements bureautiques en général.
c. C'est l'idéal pour prendre du recul sur une situation ennuyeuse (même si elle met en jeu la bureautique).
(Réponse : C.)

Chapitre 7 : Gagner de la hauteur

Changez de point de vue, imaginez que vous êtes une montagne. C'est :
a. Une façon ridicule de commencer un régime.
b. Pas possible, je vis au niveau de la mer.
c. Un bon moyen pour tout le monde de se calmer.
(Réponse : A ou C. Un bref rappel concernant la réponse A : bien que ce livre traite de beaucoup de choses, nous n'y parlerons pas des régimes amincissants.)

Question Joker

Vrai ou faux : le résultat obtenu à ce QCM doit sûrement vouloir dire quelque chose.
a. Vrai
b. Faux
c. Quel QCM ?
(Réponse : B, à moins que vous ne totalisiez plus de huit points, auquel cas on sent bien que rien ne peut vous perturber, mais je m'inquiète un peu pour vous car il n'y avait que huit questions.)

Pas de panique, il n'y aura plus de QCM dans ce livre. Les QCM, c'est l'angoisse pour tout le monde et j'espère bien que ce livre sera justement, pour vous, tout le contraire.

PARTIE I
LES PROBLÈMES

« La vie est difficile ! » [1]

1. M. Scott Peck, *Le chemin le moins fréquenté.*

CHAPITRE 1
60 000 PENSÉES PAR JOUR, ÇA NE PEUT PAS FAIRE DE BIEN

PERTE D'EMPLOI ET PERTE DE CONTRÔLE

Bien que ce livre soit un amoncellement de 117 soucis, je ne suggère pas que vous les cumuliez tous – du moins pas tous en même temps – ni même que vous angoissiez à ce point. Je pars simplement du principe que, dans toutes les sociétés où je travaille, presque tout le monde s'inquiète de quelque chose.

Le gros souci (désolé d'aborder la question si tôt) serait de perdre son emploi. Il y a des années, j'ai travaillé brièvement avec des cadres pour lesquels cette crainte était devenue réalité. Ils avaient été externalisés. (Ex-ternalisé signifie en fait que vous êtes licencié, viré. Un jour vous appartenez à la société, le lendemain vous n'êtes plus qu'un ex-employé.)

Perdre son emploi, c'est comme ramasser un coup de pied dans le ventre. Ça fait mal, très mal.

« Le pire, me disait l'un de ces cadres, c'est de perdre le contrôle de tout. Mais, si vous voulez, nous pouvons parler du fait qu'on perd son salaire, une routine quotidienne confortable, toute interaction sociale, son identité professionnelle et le MOINDRE RESTE DE DIGNITÉ. »

Le moyen le plus rapide pour reprendre les commandes et retrouver un emploi est de se lancer dans une quête à la fois intérieure et extérieure.[2] La quête extérieure est à peu près identique pour tous. Elle implique la rédaction d'un curriculum vitae, le passage d'entretiens d'embauche et la ponction du porte-monnaie de nos proches.

La quête intérieure nous est moins familière. Elle se penche sur notre façon de *penser* – et aura un impact direct sur tout le reste, y compris sur notre capacité à nous sentir bien, à agir efficacement et à demander de l'argent à nos proches.

Lire ce livre, c'est vouloir penser différemment, que vous soyez salarié ou ex-salarié de votre entreprise.

◗ ANGOISSE N° 1 — LE LICENCIEMENT

Se faire virer était autrefois un choc.

Aujourd'hui, plus personne ne se fait virer. Le personnel est externalisé, rationalisé, allégé, etc. Il existe des centaines d'euphémismes pour la réalité du licenciement, ce qui dénote d'ailleurs l'étendue du phénomène général de « réduction des emplois surnuméraires ».

Certains de ces euphémismes sont très créatifs. Mon préféré : rechercher une nouvelle opportunité de carrière — pour un peu, on vous décernerait une promotion. J'imagine bien un patron disant à son salarié :

« Félicitations, Vincent ! Vous avez été sélectionné pour bénéficier d'une nouvelle opportunité de carrière. Vous serez surpris d'avoir tant d'autonomie. Vous verrez, vous n'aurez même plus à pointer au bureau. »

[2] L'idée d'une quête intérieure et extérieure est de Timothy Gallwey, qui faisait cette distinction dans ses ouvrages de pédagogie sportive.

Le choc

Sans aucun contrôle sur votre vie, vous êtes désespéré... et désespérant. Vous seriez même susceptible de tomber plus souvent malade, si l'on en croit une étude intéressante dont je vous parlerais bien mais je ne veux pas vous effrayer par des termes savants alors que nous venons à peine de faire connaissance. Études, recherches : deux mots terrifiants — et légèrement soporifiques. De plus, la recherche fait penser aux animaux de laboratoire : souris, rats... Rat ! Autre mot terrifiant, qui rend les gens nerveux.

Si vous vous endormez ou vous agitez déjà, laissez-moi vous rassurer sur mon livre. Il s'adresse tout d'abord à un public peu versé dans la technique et non rongeur, même si certains de ses enseignements psychologiques — comme le reste de la psychologie d'ailleurs — reposent sur l'étude des rats. L'un de mes professeurs de psychologie avait l'habitude d'expliquer que tout ce que nous savions en psychologie nous venait soit des rats, soit des singes, ou encore des étudiants de deuxième année. Il ajoutait : « Parfois, faire le distinguo est assez difficile. »

Étude basée sur les rats – la seule et unique de ce bouquin

On injecte des cellules cancéreuses à deux groupes de rats, avant de les soumettre à des électrochocs. Pour moi, les données de l'étude sont déjà redondantes – imaginez le choc si l'on vous administrait un cancer : « Vous voulez m'injecter QUOI ? »

Enfin... L'un des deux groupes peut éviter les électrochocs en appuyant sur un levier, tandis que l'autre n'a pas cette possibilité. L'expérience a été savamment pensée pour que *les deux groupes reçoivent en fait exactement la même dose d'électrochocs*, ainsi que la même dose de cellules cancéreuses. Seule différence : le premier groupe croit pouvoir contrôler l'électrochoc (éteindre l'électricité) tandis que le second se sent dépourvu face aux événements.

Dans le groupe pouvant actionner le levier, 63 % des rats ont survécu au cancer (leur système immunitaire a rejeté la tumeur) tandis que dans l'autre groupe, seuls 27 % ont échappé à la mort. (Visintainer, 1982)

Les chercheurs en ont conclu qu'être en position de contrôle renforce le système immunitaire. Ils étaient bien entendu très satisfaits de cette découverte. Les rats étaient moins contents.

Même si l'on ne vous a jamais traité comme un rat, ou si vous n'avez jamais perdu votre emploi, vous savez ce que perdre le contrôle signifie. Il suffit d'avoir un supérieur enragé, des collègues de travail difficiles, des délais impossibles, trop de travail et pas assez de temps pour éprouver le sentiment profond que vous ne maîtrisez rien du tout.

ANGOISSE N° 2 — JE SUIS TROP STRESSÉ !

Un grand groupe pharmaceutique, Glaxo, a récemment envoyé des échantillons gratuits de son dernier antiulcéreux à 7 500 personnes ayant des emplois fortement stressants (policiers, médecins et enseignants en tête de liste.)

Mais, qui trouverait que son boulot n'est pas stressant ? Certains jours, arriver à se lever du lit constitue déjà un stress redoutable.

Envoyer un antiulcéreux était certes un geste appréciable, mais si chaque personne n'a qu'un seul échantillon, ce n'est pas suffisant. Je sais que, lorsque je suis stressé, j'ignore 99 % de mes e-mails (en temps normal, 98 %).

Une société comme Glaxo aurait besoin de faire un geste plus fort ne serait-ce que pour attirer mon attention.

Pourquoi pas 7 500 échantillons à chaque personne ?

Imaginez : vous relevez votre boîte aux lettres et elle déborde d'antiulcéreux. Un petit mot vous explique que vous aviez besoin d'au moins tout ça pour démarrer.

Certaines personnes se sentiraient encore plus stressées.

Pour vous, en revanche, parvenir à figurer sur la liste d'expédition de Glaxo serait peut-être l'exploit à accomplir : « Chers amis de la promo 91, ma carrière de juriste a pris un bon départ. Le challenge est permanent [...] et j'ai maintenant le droit de prendre d'énormes quantités de médicaments antistress. »

Plus de contrôle que nous ne le pensons

Revenons à notre étude sur les rats. Pour ceux qui disposaient du levier, le fait d'être « aux commandes » n'était pas une idée, une pensée, mais bien un événement psychologique. En apprenant à éteindre l'électrochoc, les rats ont accru leur résistance.

Dans le second groupe, ce n'est pas comme si les rats cogitaient sur cette histoire de contrôle. Non, ils pensaient probablement simplement à l'injustice : « Et nous, pourquoi on n'aurait pas aussi un levier ? C'est pas juste. Ce laboratoire sent mauvais, on n'aurait jamais dû quitter les égouts. »

Assez avec les rats, parlons de nous : lorsque vous êtes stressé, avez-vous un levier à portée de main ?

Le livre part du principe que vous en avez un : votre esprit. Contrairement aux rats, vous pouvez augmenter votre résistance par vos simples pensées.

Pour revenir à nos cadres externalisés, lorsque vous perdez votre emploi, vous pouvez utiliser votre esprit pour vous mobiliser. Vous pouvez réfléchir au moyen de chercher un emploi, de développer un plan d'action et de vous réveiller chaque matin en vous sentant déterminé.

Malheureusement, vous pouvez aussi utiliser votre esprit pour vous immobiliser… en évoquant les emplois que vous ne retrouverez jamais et les pires scénarios possibles. Vous vous réveillerez toutes les nuits à 3 h 00 en vous sentant vidé.

On voit donc que si votre esprit peut vous permettre de contrôler les choses, il peut aussi causer des problèmes. Reste une question : pouvons-nous vraiment maîtriser nos pensées ?

Maîtriser nos pensées signifie être capables de penser différemment.

◗ ANGOISSE N° 3 — PENSER À L'AVENIR

Rêve d'un de vos amis : je parle de ma carrière à ma chef de service. La conversation se passe bien jusqu'à ce qu'elle me plaque la tête sur le billot.

— Parlons un peu de votre avenir. Comment vous voyez-vous dans 5 ans de ça ?

— Question difficile, étant donné que je suis plutôt concerné par les 5 minutes à venir.

— Je n'aime pas votre attitude. Du court terme, que du court terme, rétorque-t-elle en faisant un signe au bourreau.

S'inquiéter sur l'avenir est tellement facile, s'y préparer est une autre paire de manches.

Ainsi, en ce moment j'évite de m'engager dans un projet à long terme car je ne sais absolument pas par où commencer, comment m'y prendre et je n'ai aucune confiance en ce que je pourrais en faire. Sinon je serais tout excité à l'idée de réaliser ce projet.

En grande conversation permanente avec moi-même

Penser différemment signifie à la fois modifier la *qualité* et la *quantité* de nos réflexions. Commençons par la quantité.

Vous et moi, nous réfléchissons trop : Deepak Chopra, médecin et écrivain de son état, estime à 60 000 le nombre de nos pensées par jour. Cela inclut les mots, les images, les souvenirs du passé, les inquiétudes sur l'avenir, les conversations imaginaires, etc.

Au total, une tchatche mentale incroyable qui tourne la plupart du temps autour d'un sujet qui nous est très familier : nous-mêmes. Ou, pour reprendre une idée lancée par Bernie Zilbergeld et Arnold Lazarus dans leur livre *Mind Power* : votre esprit est toujours actif et il s'occupe principalement de cancaner avec lui-même à votre sujet.

Certains d'entre nous ne se rendent pas compte de l'importance de ce bavardage interne. Vous doutez de ce que je raconte ? Je sais, vous n'avez jamais dit que vous étiez sceptique. C'est moi qui l'ai dit, en moi-même.

Écoutons un peu quelques-unes de ces pensées.

Asseyez-vous deux minutes, fermez les yeux et faites attention à vos pensées. (ATTENTION : NE PAS RÉALISER CET EXERCICE AU VOLANT D'UNE VOITURE, AUX COMMANDES D'UNE MACHINE DANGEREUSE OU LORS D'UNE OPÉRATION À CŒUR OUVERT.)

Très vite, vous noterez peut-être des réflexions du style : « Cet exercice est complètement stupide » ou « C'est bien comme ça qu'il faut faire ? » ou « Est-ce qu'un portable pesant trois tonnes est une machine dangereuse ? Le mien me démonte l'épaule. Il faudrait que j'en change, et que je change d'épaule aussi. J'ai sûrement de l'arthrite. Non, quand même, je suis trop jeune ! Enfin, peut-être plus si jeune que ça. À quel âge commence-t-on à avoir de l'arthrite ? Je devrais poser la question à mon ostéopathe, mais je sais ce qu'il pense — que je suis un abruti. Mais, un jeune abruti, non ? Lui, en tout cas, il a l'air jeune. Trop jeune. Je devrais changer d'ostéopathe… »

◗ ANGOISSE N° 4 — EST-CE QUE JE PARLE TOUT SEUL ?

Les courriels ne sont pas privés. D'après un sondage paru dans le *Wall Street Journal*, 33 % de la population des cadres étudiée lit le courriel des employés.

Une société a même mis à la porte l'un de ses cadres qui écrivait en termes peu élogieux sur ses supérieurs (« des crétins qui te poignardent dans le dos »). Cette personne savait-elle que ses courriels étaient surveillés ? Elle aurait dû faire attention à ses mots : « Vous ne m'entendrez jamais parler mal de mes directeurs, les appeler des *crétins, des traîtres, des despotes perfides ou des tyrans hypocrites, des serpents persifleurs*… Colporter de telles conversations serait de la pure méchanceté. »

De mon côté, je souffre du problème inverse. En tant que consultant externe, je m'inquiète que personne ne lise jamais mes e-mails, mais je sais désormais pourquoi : ils sont tristes à mourir. Hier, j'ai envoyé une proposition de services par e-mail qui ne contenait pas une seule injure. J'aurais dû y mettre plus de piment : « Voilà ma proposition, espèce d'ânes. Elle correspond à toutes nos discussions débiles de ces dernières semaines. Et voilà ce que ça va vous coûter, bande de radins… »

Je suis certain que j'aurais eu ainsi toute leur attention.

« Je pense, donc je suis »

Vous croyez peut-être qu'avoir 60 000 pensées par jour c'est bien. Depuis que René Descartes a déclaré au XVIIe siècle « Je pense, donc je suis », nous supposons tous qu'il est bon de réfléchir. Ce serait dans la nature humaine.

Or, Descartes n'a jamais dit : « Je pense *jour et nuit* et j'ai *au moins* 60 000 pensées par jour, même le dimanche avant de faire mes mots croisés. »

Au contraire, il affirmait dormir au moins dix heures par nuit et ne jamais consacrer plus de quelques heures par an à des pensées qui impliquent l'entendement. Il passait le reste de son temps à se détendre et à se reposer.

ANGOISSE N° 5 — Je n'arrive pas à dormir

E-mail d'une amie : l'autre nuit, je ne pouvais pas dormir. J'étais trop occupée à réfléchir au lendemain, au travail, à ce que je devrais y faire, à l'importance d'une bonne nuit de repos. Après avoir fait la crêpe plusieurs heures, me tournant et me retournant, j'ai commencé à compter les moutons. Tu as déjà essayé de compter les moutons ? Plus je restais éveillée, et plus il en arrivait. À 4 heures du matin, la planète Terre était déjà envahie de moutons. Terrifiant !

Qui a eu cette idée de compter les moutons ? Ce doit être les bergers. Le travail du berger consiste en partie à compter les moutons, de temps à autre... Assommant... Rien que d'y penser, on est déjà fatigué.

Le premier berger : désolé de te déranger, mais ce matin il faut compter les moutons.

Second berger (en bâillant) : attends, je m'avale d'abord une vingtaine de cafés, sinon je ne tiendrai pas. Il y a des milliers de moutons, tous semblables, franchement...

Premier berger (en bâillant) : quand faut y aller, faut y aller, même si on a du mal à décoller de la chaise.

Les deux bergers s'endormirent profondément et ne se réveillèrent que des semaines plus tard.

Trop occupé à penser pour se détendre

Le problème avec toutes ces pensées est qu'elles kidnappent notre attention et nous empêchent d'apprécier le moment présent.

Je me souviens de vacances d'été en famille pendant lesquelles j'étais très soucieux en raison du travail. Nous étions sur une île superbe, mais je n'arrêtais pas de penser au travail.

Ma femme compatissait : « Essayer de ne penser à rien est trop difficile. Essaye plutôt de ne pas penser à un éléphant. » Bien entendu, je ne pouvais plus m'empêcher d'imaginer cet éléphant.

J'ai ensuite eu du mal à penser au boulot pendant le reste des vacances, car il fallait que je m'occupe de mon éléphant.

◗ ANGOISSE N° 6 — Les vacances

Lettre d'un ami : j'aime tout dans les vacances, sauf le départ et le retour. La seule idée de devoir partir en vacances pour me détendre me rend nerveux. En général, avant de pouvoir partir, je cours partout comme un fou pour finir 36 000 choses. C'est comme si je compensais pour tout ce temps libre que je vais m'accorder.

Le retour est pire encore. Difficile de reprendre le rythme au bureau. Revenir de vacances m'épuise.

Prendre des vacances, c'est comme se préparer à mourir. Difficile de partir, et pourtant l'idée de revenir ne vous tente guère. Au moins, quand vous mourez, vous n'avez pas besoin de faire la valise.

Avant de faire ma valise, je dresse toujours une liste des choses à faire à mon retour. La liste est généralement kilométrique, comme si j'avais peur d'être frappé d'amnésie pendant les vacances.

Premier point de la liste : « Lire cette liste en revenant de vacances. »

Branché, débranché

Que nous nous occupions du travail ou des éléphants, il est très difficile d'éviter de penser. Personne ne nous demande d'arrêter complètement de réfléchir ; d'un autre côté, 60 000 pensées par jour, ça fait beaucoup.

Imaginez que nous puissions installer un interrupteur sur notre cerveau. (Je sais, c'est totalement irréaliste, car outre qu'il est impossible d'éteindre vraiment nos neurones, il est également impossible en temps normal de trouver un bon électricien.)

Nous allumerions nos méninges lorsque nous aurions besoin de cogiter. Cette phase « branché » correspondrait à notre état mental habituel lorsque nous organisons notre vie quotidienne, nos projets au travail, nos réunions… Bref, lorsque nous voulons nous concentrer, nous appliquer. C'est un état mental actif, qui consomme de l'énergie et après lequel notre cerveau doit se reposer.

La phase « débranché » correspond à l'état mental que nous adoptons pour recharger les batteries et prendre du recul. Cela ne nous empêche pas d'avoir des idées à propos de notre travail, mais au lieu d'y réfléchir activement, nous laissons notre esprit vagabonder (comme de petits nuages dans un ciel bleu). C'est un état passif, qui sert à renouveler l'énergie et après lequel nous avons de nouveau l'esprit clair.

Les phases « branché » et « débranché » sont complémentaires : notre capacité à allumer notre intellect dépend de notre faculté à le mettre en veille régulièrement.

Si nous n'éteignons pas de temps à autre le courant, nous arrivons très vite à une troisième phase : l'encombrement des lignes. Le cerveau se met « en dérangement » — tel un ouistiti en crise, notre esprit trop stimulé part dans tous les sens. Impossible alors de se concentrer, ni même de se détendre. Aucun interrupteur pour maîtriser nos singeries, c'est le primate primaire qui commande.

D'aucuns rétorqueront que l'état « en dérangement » est chez nous un état d'esprit permanent normal. Pas d'accord ! Mais je peux me tromper car je ressemble sous certains aspects à un ouistiti enragé et dérangé. Par exemple, j'aime beaucoup les bananes et j'en mange généralement une par jour (au petit déjeuner avec du yaourt), mais uniquement les bananes à peau jaune. Le jaune n'est pas ma couleur préférée – c'est le bleu. J'ai entendu dire qu'Alfred Hitchcock a une fois servi un repas où tous les aliments étaient bleus. Finalement, je ne suis plus trop sûr d'aimer le bleu. Mais j'aime bien les films d'Hitchcock, notamment ceux avec Gary Grant, comme *La Mort aux trousses*. Et je préfère être vivant que mort, et avoir les flics aux trousses plutôt qu'un vieux biplan. Bon, où en étions-nous ? Ah oui, j'ai été dérangé, revenons à nos singeries.

ANGOISSE N° 7 — MON CERVEAU EST-IL BIEN BRANCHÉ ?

Les scientifiques prétendent que vous et moi possédons environ 100 milliards de cellules cérébrales. J'ai du mal à le croire, cela me semble exagéré et prétentieux : « Tu parles, si tu en as 100 milliards, moi j'en ai 200 milliards. »

Les scientifiques prétendent aussi que nous n'en utilisons que 5 %. À l'instant, par exemple, je n'utilise probablement que 5 milliards de cellules cérébrales, tout au plus. Là, je les crois déjà plus.

Que font les 95 autres milliards pendant ce temps-là ? Elles font semblant de travailler, mais sont probablement en train de fainéanter dans quelque région primitive du cerveau, dans le système limbique — en train de se moquer de ces improbables statistiques. (Au passage : il m'a fallu utiliser plusieurs milliards de cellules pour me renseigner sur le système limbique. Je vous en dirais bien plus à ce sujet, mais je n'ai plus assez de cellules libres pour m'y mettre.)

Lorsque les chercheurs nous disent que nous n'utilisons que 5 % de notre cerveau, je ne sais plus que penser… Ce qui prouve sans doute qu'ils ont raison.

Pourquoi résoudre un problème est un problème !

Pour bien comprendre la nature complémentaire des phases « branché/débranché », voyons un peu comment nous trouvons les solutions à nos problèmes.

Quand surgissent vos meilleures idées ? Parions que ce n'est pas lorsque vous êtes plongé dans le problème (branché), mais plutôt lorsque vous arrêtez d'y réfléchir (débranché)… Et que vous faites quelque chose qui n'a rien à voir — une promenade ou la vaisselle.

Pour trouver des solutions créatives à nos problèmes, nous passons sans cesse d'un état à l'autre : branché – débranché ; branché - débranché…

Lorsque nous nous branchons sur un problème, nous y pensons sciemment. Il suffit de débrancher et de faire une petite pause tout aussi sciemment pour que, avec un peu de chance et grâce à ces va-et-vient, nous apercevions enfin la lumière : « Eurêka ! », la solution nous frappe tel l'éclair.

L'astuce, c'est : « Débranche ! » Lorsque nous débranchons, nous devenons passifs et nous avons donc l'impression de ne rien faire pour résoudre le problème. Il serait tentant de réfléchir encore et toujours jusqu'à provoquer un court-circuit — les neurones surchargés disjonctent : cerveau « en dérangement ». C'est un peu comme si nous bachotions sur *L'Histoire du monde depuis le début des temps jusqu'à mardi dernier*, en ayant l'impression de ne plus rien savoir… sauf que les 500 dernières années étaient vachement bien remplies.

Notre esprit fonctionne en alternatif : activité-repos, activité-repos. Le faire tourner ainsi n'est pas facile, je vous l'accorde. Nous en reparlerons au chapitre 7 concernant la relaxation mentale.

ANGOISSE N° 8 — PLUS VITE, PLUS VITE, TOUJOURS PLUS VITE

Dans nos sociétés hyperconnectées d'aujourd'hui, la vitesse est reine. Non seulement votre entreprise attend de vous que vous travailliez vite, mais toute l'économie dépend de cette rapidité. Apparemment, elle ne survit que grâce à quelque chose qui s'appellerait l'augmentation de la productivité. La productivité étant la somme de travail fournie par heure, il faut donc pour l'augmenter travailler toujours plus, et plus vite.

Si vous voulez avoir l'air d'un salarié normal, il vous faut bosser comme un stakhanoviste.

Mon père était dans le bouton, mais c'était à une époque plus lente où les gens avaient le temps de se boutonner et de se déboutonner. D'après ce que je lis dans les journaux, le bouton sera bientôt passé de mode.

« J'aime bien les fermetures Éclair en ce moment, mais je commence à m'intéresser aussi au Velcro… Fermetures

Éclair, Velcro, ça c'est du rapide », affirmait un styliste dans une interview.

Tout doit aller vite. Il nous faut sans cesse des raccourcis. Dans peu de temps, certains commentaires seront encore plus inquiétants. Extrait de l'article « *Mauvais temps pour les sutures* » écrit par le Professeur Frank Howard, chirurgien neurologue : « J'aime bien l'adhésif industriel en ce moment, mais je commence à m'intéresser à la Rapid'Coltout. »

Interview d'un grand cuisinier : « Nous servons beaucoup de surgelés en ce moment, et nous envisageons maintenant de les servir crus, non décongelés, *on the rocks* en quelque sorte. Notre nouveau slogan serait : plus besoin d'argenterie, un burin suffit. »

Extrait du nouvel ouvrage de Scott Lange, pilote de ligne : « J'ai horreur des horaires de service tardifs et j'aime bien les vols rapides, sans étapes. J'envisage actuellement de nouvelles possibilités de dépose-client. Exemple : nous n'atterririons plus à Chicago ; si votre destination est Chicago, vous embarquez avec un parachute. »

UN ÉLÉPHANT… DEUX ÉLÉPHANTS

Bien que nous générions 60 000 pensées par jour, elles ne sont pas toutes différentes. Généralement, la même idée revient inlassablement, encore et encore… Parfois, une seule pensée éléphantesque suffit à monopoliser notre attention et à nous boucher l'horizon.

Ce n'est pas tant la *quantité* qui compte, mais bien la *qualité*. Pour parler franc, certaines de ces idées qui nous obnubilent sont totalement loufoques.

Je me rappelle avoir passé une bonne partie d'une journée à penser au Brésil. D'habitude, je ne me soucie guère du Brésil. Je devrais, mais ce n'est pas le cas. Si les journaux ne parlent pas du Brésil, je ne vais tout de même pas me demander : « Mais, bon sang, qu'est-ce qui se passe là-bas ? »

Donc, que je sois obsédé toute une journée par le Brésil me semblait, *a priori*, un exploit. Mon obsession commença lorsqu'un client m'invita à m'y rendre pour une mission d'une journée. C'était une mission bien courte pour un si long voyage. Il m'a donc fallu une journée pour décider d'accepter ou non ma mission.

ANGOISSE N° 9 — QUE METTRE DANS MA VALISE ? MES PANTOUFLES !

D'après le *Wall Street Journal*, les hommes d'affaires emportent souvent des pantoufles et des photos de famille tandis que les femmes préfèrent les livres et les peluches.

Faire les valises me rend nerveux. Je m'inquiète pour ce que je vais oublier d'important comme… ma valise.

Généralement, avant de partir en voyage, je pense chemises, pantalons, chaussettes et chaussures. C'est sûr, ma façon d'aborder le problème est trop formelle. J'aimerais bien emporter un ours en peluche, ou empaillé, ou un vrai ours pour animer un peu les réunions. Ou alors un écureuil, c'est plus petit, plus pratique.

Bon, une seule chose à la fois !

Entre-temps, je repensais aux pantoufles. Je n'avais jamais songé à en prendre – je n'ai pas de pantoufles. Maintenant, je me sens presque obligé d'aller en acheter une paire. Je ne serai pas le premier homme d'affaires à être surpris sans charentaises lors d'un déplacement ! Imaginez qu'on me demande ce que j'ai dans ma valise.

« Des pantoufles, bien entendu, répondrais-je sans hésiter, pour montrer que je suis un type normal. Et, si mes souvenirs sont bons, j'ai aussi pris un costume et une cravate. »

L'obsession du Brésil

Voilà l'état d'agitation dans lequel on se retrouve lorsqu'on est obsédé par un voyage au Brésil.

« Le Brésil ? Le Brésil ? Le Brésil ! C'est peut-être une bonne idée finalement. Je n'y suis jamais allé. »

J'avais l'impression d'avoir dans la tête un écran de cinéma où ces mots défilaient en boucle.

« Le Brésil ? Le Brésil ? Le Brésil ! Combien d'heures de vol ? Combien d'étapes de ravitaillement ? »

C'était le film le plus ennuyeux du monde.

« Le Brésil ? Le Brésil ? Le Brésil ! Est-ce vraiment bien utile d'aller tout là-bas juste pour un jour de boulot ? »

Je n'arrivais pas à me déscotcher l'esprit de ce grand écran.

Angoisse n° 10 — Brésil, Belgique, Bangkok, Brooklyn, Bagnolet…

Partez-vous en voyage d'affaires à l'étranger plus de deux fois par an ? Mauvais !

D'après une récente étude portant sur 11 000 employés de la Banque mondiale, vous risquez de remplir deux ou trois fois plus de dossiers de prise en charge de soins psychiatriques si vous voyagez que si vous restez tranquillement chez vous.

Tout ça à cause du nombre de changements stressants associés aux voyages à l'étranger : langue, horaire de sommeil, nourriture, climat, culture… Et encore, les scientifiques qui ont mené l'enquête ne parlaient pas des vols avec correspondance.

J'ai ma propre théorie là-dessus : si les voyages comprenaient 25 heures de vol, sans interruption, nous remplirions encore plus de demandes de prise en charge psychiatrique – simplement à cause de l'ennui. Après les premiers films, nous aurions envie de faire tout et n'importe quoi : « Tiens, et si je remplissais une demande de prise en charge, ça devrait m'occuper un bon moment. »

Suggestion : les compagnies aériennes devraient distribuer des formulaires de prise en charge comme elles le font pour les bordereaux de déclaration douanière. Les formulaires pourraient éventuellement être reformulés comme ceux des douanes. Question : « Avez-vous quelque chose à déclarer ? » Réponse : « Oui, je suis devenu fou. »

Je ne voudrais pas avoir l'air de dire que les déplacements ne sont pas stressants, mais j'ai souvent également envie de remplir de tels dossiers lorsque je vais au pressing ou dans une vidéothèque.

Comment les astronautes font-ils pour supporter tant de stress ? Ils devraient revenir sur terre complètement cinglés.

Il est vrai qu'ils n'ont pas à changer d'avions, eux !

Autres pensées loufoques

Se laisser obnubiler par le Brésil toute une journée peut paraître étrange, malheureusement nos pensées le sont souvent : les plus bizarroïdes détournent toute notre attention et nous dépriment.

Certaines de ces idées loufoques semblent tout à fait normales, tant que nous n'y regardons pas de plus près. Lorsque mon réveil-matin sonnait, j'avais l'habitude de réfléchir à mon quota d'heures de sommeil. Je calculais rapidement et, une fois le résultat posé, j'étais fatigué pour le restant de la journée.

Un jour, j'ai compris que tout cela était ridicule : se lever à six heures du matin pour faire de l'arithmétique, ce n'est pas l'horaire idéal.

Ces raisonnements irrationnels sont souvent à la base de nos sentiments les plus négatifs. Revenons à René et à son cartésianisme. Peut-être voulait-il vraiment dire : « Je pense, donc je suis énervé. »

ANGOISSE N° 11 — NOTRE SYSTÈME DE RÉMUNÉRATION EST INSENSÉ

Dans un sondage auprès de 11 000 adultes, 46 % d'entre eux affirmaient qu'ils déménageraient même pour habiter près de leur belle-famille si l'on augmentait leur paye de 50 %.

J'essaie d'imaginer comment placer ça dans une négociation de salaires :

— Nous allons vous augmenter de 5 %, annonce le patron.

— J'ai besoin de beaucoup plus et je suis prêt à venir plus tôt et à partir plus tard pour ça, rétorque l'employé.

— Et pourquoi devrais-je en tenir compte ? Laissez-moi plutôt vous poser la vraie question. Seriez-vous prêt à emménager près de votre belle-mère ?

— S'il faut en passer par là pour gravir les échelons...

— Et que diriez-vous d'emménager à côté de chez MA belle-mère ?

LA VRAIE RÉALITÉ

L'une de nos réflexions les plus loufoques consiste à nous persuader que nos pensées ne déraillent jamais.

Nous croyons tous que nous savons ce qui se passe, que nos pensées reflètent LA réalité. Si nous pensons que notre collègue est un imbécile, c'est qu'il est bel et bien un imbécile.

Or, chacun de nous crée en quelque sorte sa propre réalité. Votre réalité est constituée de VOS impressions et de VOS opinions, alors que la VRAIE RÉALITÉ est faite d'autre chose : par exemple, de MES sensations et de MES convictions.

La réalité doit être un peu comme le test de la tache d'encre (dit de Rorschach). Regardez une tache d'encre au dessin ambigu et décrivez ce que vous y voyez. Cela en dit long, non pas sur la tache, mais sur vous.

Personne interrogée (après avoir regardé l'encre) : je vois un président de la République mangeant un bol de porridge. Ça ne va pas fort ; son porridge est plein de grumeaux.

Autre personne réalisant le test : la première dame du pays mange ses tartines.

Ce que j'essaie de vous faire comprendre, c'est que j'adore rêver de petits-déjeuners. Et, accessoirement, qu'il est facile de mal interpréter les choses.

ANGOISSE N° 12 — UNE MAUVAISE INTERPRÉTATION DE L'ÉCONOMIE

Encore un signe montrant que l'économie a perdu de son dynamisme : la construction immobilière a chuté de 7,9 % le mois dernier. C'est la troisième baisse successive, annonce un journal financier.

Soyons honnêtes : personne ne sait ce que fait l'économie, même si le fait que le « bâtiment recule », ou s'écroule complètement, est effectivement inquiétant.

Combien de signes nous faut-il avant de pouvoir dire vraiment ce qui se passe dans l'économie ? Que se passerait-il si d'autres professions étaient aussi indécises ?

— Alors comment va M. Paul aujourd'hui ? demande le médecin.

— C'est sa troisième rechute successive en un mois depuis sa crise cardiaque.

— Dites-moi, je me trompe ou M. Paul a perdu un peu de son dynamisme ?

Voici quelques années je lisais l'éloge rendue à un éminent économiste qui n'avait rien d'indécis. On y louait « ses prévisions de marché catastrophistes » et sa méthodologie « largement impulsive ».

Une méthodologie peut-elle vraiment être « largement impulsive » ou est-ce seulement ce qu'on dit après un décès pour cacher ce que l'on pense réellement : « Je ne peux pas croire que ce type se prétendait économiste. Il n'avait aucune méthode. Il s'inventait surtout des théories à dormir debout. »

Apparemment, le défunt n'était pas du genre à agoniser sur des statistiques économiques obscures, ni à garder ses angoisses financières pour lui-même. S'il avait été encore vivant et s'il avait pu lire l'article sur la chute de l'immobilier, il nous aurait sans aucun doute balancé son opinion en pleine figure : « Chute de l'immobilier ! Ah, nom de D… Quand le bâtiment s'en va, rien ne va ! D'ailleurs, mon toit fuit. Quelqu'un connaîtrait-il un bon couvreur pour que le ciel ne me tombe sur la tête ? »

TESTEZ LA RÉALITÉ

Combien de carrés voyez-vous ?

Le plus intéressant n'est finalement pas de savoir combien vous en comptez, mais de savoir que plusieurs personnes arrivent rarement aux mêmes résultats.

Alors, vous obtenez quoi ?

16 carrés : c'est ce que voient la plupart des gens (moi y compris). Malheureusement, la plupart des gens (moi y compris) ne sont pas en phase avec la réalité.

30 carrés : c'est techniquement la bonne réponse[3] et si vous regardez la page assez longtemps vous y parviendrez. Par pitié, n'essayez pas (à moins de vouloir passer votre vie à compter). Sur votre tombe, on lirait : « Bien qu'elle ignorât tout du monde qui l'entourait, personne ne savait mieux qu'elle compter les carrés. »

Plus de 30 : faites-vous aider. Prenez rendez-vous immédiatement chez l'ophtalmologue et faites-vous-y conduire. Ne prenez surtout pas le volant.

ANGOISSE N° 13 — FAITES DU CHIFFRE !

« Vous allez devoir faire du chiffre. C'est ça qui compte ! »

Ainsi parlait le PDG d'une grande société, en s'adressant à ses managers. Il leur racontait par où il fallait en passer pour grimper dans l'entreprise. J'écoutais du fond de la salle et, chaque fois qu'il disait « faire du chiffre »... panique à bord, mes angoisses de cours de math remontaient à la surface.

« Faire du chiffre », céla signifie atteindre les objectifs financiers. Par exemple, si vous prévoyez que les ventes d'une région doivent atteindre 10 millions d'euros cette année, vous avez intérêt à ne pas être en dessous de ces 10 millions.

Le PDG pense ainsi rendre ses employés responsables. Il appelle ça « le secret du grand frisson » : l'important étant que ses collaborateurs frissonnent de plaisir à l'idée de faire du chiffre.

[3] Ah, tiens, vous lisez cette note de bas de page ; c'est pas bon ça ! Vous avez sûrement vu plus de 16 carrés, mais moins de 30 et vous pensez qu'il faut lire la note de bas de page pour comprendre comment compter. Alors, soyons clairs ! C'est moi qui ai écrit cette stupide note et je n'y comprends rien. Mais si cela peut vous rassurer (ça m'étonnerait), vous obtenez 30 en additionnant les petits carrés pour en faire de plus grands. Un grand carré peut avoir deux, trois ou quatre petits carrés de côté.
Mais, je vous en supplie. Ne perdez pas de temps, poursuivez la lecture tant que vous en êtes capable.

Je suis bien content de ne pas avoir à faire du chiffre. Je travaille essentiellement avec les mots et m'occupe surtout de « faire des phrases ». C'est beaucoup plus compliqué que vous ne le pensez.

« À la fin de l'année, poursuit le PDG, j'aurai une petite conversation avec chacun de vous. Avez-vous fait du chiffre ou non ? C'est tout ce que j'ai besoin de savoir. Épargnez-moi vos méthodes de calcul. »

Au premier abord, « faire du chiffre » et « inventer des chiffres » sont deux choses différentes. Si seulement c'était vrai aussi pour les phrases.

Nos pensées font la loi

Le problème de ces raisonnements irrationnels est qu'ils prennent le dessus sur nous, psychologiquement et physiquement.[4] Supposons que je donne une conférence demain et que j'en sois terrifié d'avance. Chaque fois que je pense à cette présentation, j'angoisse : mon pouls s'accélère, ma gorge se dessèche, mon estomac commence à gargouiller et je transpire.

Nous répondons souvent à nos inquiétudes par la même poussée intense d'adrénaline que si nous étions en situation réelle. *C'est comme si notre corps ne reconnaissait pas la différence qui existe entre s'inquiéter d'une éventualité et la vivre en réalité.*

[4] Ce n'est pas spécifique aux raisonnements irrationnels. Toutes nos pensées nous affectent. Par exemple : on donne des comprimés à un groupe de femmes enceintes souffrant de nausées en leur disant qu'ils suppriment les vomissements. Or, le médicament est, au contraire, conçu pour faire vomir. (Qui peut bien inventer des études pareilles ?!) Les cachets ont pourtant soigné ces patientes car leur opinion du traitement a été plus forte que celui-ci. (Étude Wolf, 1950 ; tiré de *Wellness Book,* Dr Herbert Benson et Eileen Stuart.)

N.B. : ceci est la dernière fois que nous abordons le sujet des femmes enceintes dans ce livre.

Semaine suivante : la conférence est finie.

(Comment ça s'est passé ? vous demandez-vous. Qui peut le savoir ? C'était un rêve — heureusement !)

Désormais, je n'anticipe plus, je me remémore. Mais, à nouveau, mon corps mélange pensée et vécu. Chaque fois que je repense à ma présentation, je m'étiole.

(Apparemment, ça ne s'est pas si bien passé que ça.)

ANGOISSE N° 14 — LES PRÉSENTATIONS

Lettre d'un ami : je dois faire une présentation la semaine prochaine et j'ai le trac.

Le plus difficile lors d'une présentation est d'arriver à dissimuler son trac. Lorsque vous faites des conférences, des discours, etc., vous n'êtes pas censé être angoissé, ni parler nerveusement, ni vous agiter en tout sens. Rien que de le savoir, c'est angoissant.

Il y a tout de même quelques astuces pour paraître plus détendu que vous ne l'êtes. Exemple : si quelqu'un vous pose une question, plutôt que de reculer craintivement ou d'arpenter la salle en cercles — assez étrange — avancez-vous vers cette personne. Cela dénotera votre confiance en vous.

Qu'il est rassurant de savoir que la plupart des présentateurs ont le trac. Lorsque l'on demande aux gens ce qu'ils craignent le plus, le trac arrive souvent en tête de liste. Une étude m'a particulièrement frappé. Ses résultats ne sont peut-être plus valables car elle date un peu, mais… la troisième grande crainte des hommes était la mort, la deuxième, le contrôle fiscal. Et, si je m'en souviens bien, la première crainte était d'être contrôlé par un inspecteur du fisc moribond.

Je ne me rappelle plus où se classait le tract du conférencier, mais il était quelque part sur la liste.

Bénéficier d'un bon feed-back

Admettons que ma présentation ait été un désastre. Comment le savoir vraiment ? J'interprète peut-être mal la réalité lorsque je dis « désastre »... Je me fais un film, un mauvais film que je repasse en boucle.

Supposons que d'autres me disent que j'étais très bon ? J'aimerais le croire, mais je ne démordrais sûrement pas de ma première impression et je m'en inventerais une seconde sur ces commentaires : « Ils disent ça pour me faire plaisir, parce que ce sont mes amis. Tu parles d'amis... ? Tous des menteurs, oui... »

Dès qu'ils proviennent de nous, ces raisonnements irrationnels nous semblent tout à fait raisonnables.

ANGOISSE N° 15 — Le feed-back

Rengaine du bon copain : l'autre soir, je vais au café avec mon chef. Après quelques verres, il me dit que je suis dans un métier bouché, sans avenir et que j'ai intérêt à me bouger un peu si je veux garder ma place. Puis, il s'excuse et me laisse l'addition.

J'ai déjà entendu ça quelque part. Les gens nous renvoient parfois un feed-back qui nous perturbe plus qu'autre chose. Récemment, par exemple, un collègue me disait que j'étais trop « analytique ».

Il m'a fallu trois quarts d'heure de réflexion pour comprendre ce qu'il voulait dire.

Votre critique ciné perso

Prêtez l'oreille aux grands orateurs, professionnels ou non, et attribuez-leur des notes. Vous vous apercevrez que nous sommes souvent encore plus critiques envers nous-mêmes qu'envers eux.

C'est comme s'il y avait dans notre grenier intellectuel un excentrique notoire qui divaguait et tempêtait sans cesse, particulièrement contre nous.

Mesdames et Messieurs, je vous présente votre critique cinématographique personnel (qui démonte tous les films que vous vous faites).

Votre critique perso, c'est cette petite voix que vous entendez parfois vous dire ce qu'il faut faire, ou ne pas faire… Quoi que vous fassiez, ce n'est jamais parfait.

Supposons que vous ayez égaré un papier important.

— Mais comment as-tu pu perdre ce papier ? Il était juste là sous ton nez, vocifère votre critique. Regarde un peu dans le tiroir.

Vous jetez un œil dans le tiroir. Rien.

— Tu es sûr d'avoir bien regardé, parce que la plupart du temps tu ne trouverais pas un éléphant dans un couloir, tu fais semblant de chercher, continue la petite voix. Fais un peu attention. C'est d'ailleurs pour ça que tu as perdu ce papier. Tu devrais revérifier.

Vous vérifiez de nouveau.

— Mais, combien de fois tu vas regarder dans ce tiroir, houspille le critique, avant de comprendre qu'il n'est pas là, ce foutu papier.

Les minutes passent, toujours pas de papier.

— Tu devrais revérifier ce tiroir à fond…

Le problème n'est pas d'avoir une voix intérieure prompte à l'autocritique. Mais plutôt d'accepter (sans aucun regard critique) tout ce qu'elle nous raconte. Ce n'est pas parce que nous pensons, que nous pensons juste et vrai, ni même que nous devons être d'accord avec ce que nous pensons.

— Bien sûr, rétorque mon critique, mais ça ne veut pas dire non plus que tu ne perds pas la boule.

ANGOISSE N° 16 — LA CRITIQUE EXTERNE

Complainte d'une bonne copine : je suis passée près de la salle de conférence où nous avons fait une réunion pour discuter sur l'un de nos nouveaux produits. Certains directeurs étaient encore là à papoter.

— Elle monopolise toujours la parole.

— Que veux-tu, certaines personnes ne savent pas se taire !

Comme j'étais la seule femme à cette réunion, j'ai supposé qu'ils parlaient de moi. Ça m'a sciée pour le reste de la journée, comme si l'on m'accusait d'un crime : « C'est du vol manifeste, condamnerait le procureur. Cette femme a volé plusieurs fois la parole à ses interlocuteurs. » L'audience retiendrait son souffle.

Personne n'aime être critiqué. La critique nous diminue, nous rabaisse comme si nous rétrécissions à la machine pour n'être plus qu'un seul fil, ténu et négatif, qui formerait l'ensemble de notre être. Même lorsqu'un ami essaye de nous rassurer (il y a pire que de voler la parole à quelqu'un — voler les fournitures de bureau ou les croissants du matin, par exemple), cela remonte rarement le moral.

En fait, si vous boulottiez vraiment tous les croissants, vous seriez sûrement plus épais que ce simple fil (nettement plus épais, mais c'est un autre problème). J'avais un collègue qui, lors des réunions du personnel, mangeait parfois le glaçage des brioches. Il le grattait, laissant toutes les brioches à nu sur le plateau. Pas très ragoûtant à regarder.

Pourtant, il n'était pas uniquement un voleur de brioches. Il mangeait aussi des pains au chocolat, des beignets aux pommes…

Les gens sont bien plus compliqués qu'il n'y paraît.

Nous ne nous réduisons pas à nos pensées

Voici une autre façon de considérer votre esprit, vos pensées, votre critique perso. Imaginez : votre cerveau est un hôtel. Vos pensées sont les clients ; ils se font enregistrer à la réception, repartent... Dans une journée normale, 60 000 clients sillonnent le hall d'entrée, l'hôtel est plein à craquer et il est difficile de remarquer quoi que ce soit à propos des clients. Pourtant, l'hôtel n'est pas la somme de ces clients-là, mais l'espace qui les abrite.

Le cerveau est également l'espace qui abrite nos pensées.

Quant à votre Monsieur Critique cinéma, c'est l'éternel insatisfait.

« Cet hôtel pue, se plaint-il. Il est bondé et beaucoup trop cher. On ne veut même pas me faire crédit. »

ANGOISSE N° 17 — Il y a quelqu'un dans ma chambre d'hôtel

Seul en voyage d'affaires, je résidais dans un hôtel de luxe. Un soir, en approchant de ma chambre après une journée de réunion, j'entends de la musique à l'intérieur.

Mon pouls s'accélère. Il y a quelqu'un dans ma chambre d'hôtel ! Mais qui ? Je colle mon oreille à la porte et j'écoute attentivement. On aurait dit des musiciens. Par sécurité, je vérifie mon portefeuille, au cas où je devrais payer un supplément.

J'ouvre ensuite doucement la porte. Personne, seulement la radio. J'ai découvert plus tard que le personnel de l'hôtel allumait la radio sciemment car la direction trouvait cela plus accueillant pour les clients à leur retour.

Pourquoi pas ! Mais, pourquoi ne pas allumer la télé, la cafetière, laisser couler la douche... et placer quelques mannequins dans la pièce, qui aient l'air occupés mais sociables ?

Mieux : une vraie personne qui nous accueillerait en fin de journée. L'hôtel doit sûrement pouvoir embaucher un agresseur sympathique.

Mettre un nom sur le visage de notre critique ciné perso

Bien qu'il soit impossible de se débarrasser de notre critique cinéma personnel (pas plus que nous ne parvenons à arrêter de penser aux éléphants), nous pouvons toujours prendre nos distances.

Si ce critique perso était en chair et en os, s'il s'agissait par exemple de votre Tante Emma, il aurait un nom, un visage et une personnalité. Même si vous écoutez les remarques de Tante Emma, ne me dites pas que vous prenez tout au pied de la lettre.

Matérialisons donc ce critique intérieur pour en faire un personnage, genre Tante Emma, en lui donnant un visage et un nom. Le simple fait de le nommer est particulièrement efficace, c'est l'un des moyens que les hommes ont trouvé pour faire face au monde. Autrefois, on donnait un nom aux dieux et aux démons pour les rendre moins monstrueux.[5]

Aujourd'hui encore, c'est ce que nous faisons. Exemple : l'orage. Lorsqu'un enfant est effrayé par le tonnerre qui gronde, on tente de le rassurer en disant que c'est l'orage. Je ne dis pas que cela fonctionne chaque fois, puisque je l'ai utilisé avec mes propres enfants avec des résultats mitigés. D'un autre côté, comme dit ma femme : « Nos enfants aussi ont des noms, ça ne les empêche pas d'être des monstres. »

[5] Cette notion de démons nominatifs est reprise d'un ouvrage de Jack Kornfield.

Lorsque je fais le portrait de mon critique perso, il ressemble à Sigmund Freud. Le vôtre pourrait ressembler à n'importe qui. Il se trouve que le mien ressemble à Freud.[6]

Parfois, mon critique se prend vraiment pour Freud, mais contrairement à ce dernier qui serait réservé, introspectif et, surtout, mort, le mien ne sait pas se taire.

Commentaire de Freud : « Et pourquoi devrais-je me taire ? J'ai passé toute ma vie à écouter les autres et c'était le problème majeur de ces thérapies – tout le monde avait le droit de parler sauf moi. Y en a assez d'écouter ! »

Écouter son critique perso peut être assez déroutant. Lorsque j'essayais de décider d'aller ou non au Brésil, mon premier sentiment était de refuser le contrat. Freud n'était pas d'accord : « Et l'aventure alors, où est passé ton goût de l'aventure ? Tu es trop renfermé, tu ne veux jamais aller nulle part. »

Du coup, je me motive pour partir.

« Ça va pas la tête ? invective Freud. Onze heures de voyage ! Pourquoi ne pas aller à Vienne dans ce cas, ma ville natale ? La météo est idéale en ce moment à Vienne. »

Heureusement le projet a été annulé.

ANGOISSE N° 18 — LES NOMS

Les entreprises deviennent très attentives à la façon dont elles appellent leurs gens. Vous voyez de qui je veux parler : ces gens qui viennent régulièrement au bureau, restent là des heures et s'attendent à recevoir des sous en contrepartie.

[6] Le vrai Freud était très critique : dans ses lettres, il ne pouvait s'empêcher de se montrer convaincu que ses chers congénères, les hommes, étaient, à quelques exceptions près, sans intérêt.

Le mot « employé » est passé de mode. Trop associé à une certaine idée du pouvoir, également dépassée, où le « boss » savait tout et avait toutes les bonnes idées parce qu'il était à la tête de l'entreprise.

Nouvelle politique d'entreprise : réhabilitons un peu l'esprit d'initiative de ces __________ (???)

Appeler les __________ autrement peut être un moyen efficace pour remplacer un certain sentiment d'aliénation passive par son parfait contraire, l'aliénation active.

Mais uniquement lorsque les mots ne collent pas à l'action et que rien d'autre ne change dans l'entreprise et que les __________ ne se sentent pas plus remis en valeur quel que soit le nom qu'on leur donne.

Sinon, les nouvelles appellations sont souvent une tentative très créative de promouvoir l'égalité. Comme me l'avouait un __________ « ça fait des années qu'on appelle nos cadres par toutes sortes de noms très créatifs. » Je crois qu'il disait cela pour rire.

Donc, ne plus penser à eux comme à des employés : ce sont nos « collaborateurs », nos « coéquipiers » et on les tutoie.

Trois exemples de raisonnements irrationnels

Pour faire court, les humains ont une tendance biologique à mal penser. C'est du moins l'avis d'Albert Ellis, pionnier de la thérapie cognitive, et l'un des premiers psychologues à décrire notre façon irrationnelle de réfléchir — et ce que nous en faisons.

Après avoir dressé une longue liste des propos irrationnels que nous nous tenons régulièrement afin de perdre notre calme, Albert Ellis a compris que cette énumération pouvait se résumer en trois ou quatre mots.[7] J'ai repris ce résumé et l'ai abrégé en un mot CHEF servant d'acronyme pour trois convictions qui atteignent les sommets de l'aliénation (non pas que nos chefs soient fous à lier, mais ils sont souvent au sommet).

CH. Circonstances (mal)Heureuses : l'univers ne devrait jamais présenter d'inconvénients ni me mettre mal à l'aise. Il devrait toujours me procurer ce que je désire et ne jamais m'imposer ce que je ne veux pas.

E. Ego : je dois toujours agir au mieux de mes performances et avoir l'assentiment des personnes importantes qui me côtoient (afin de me prouver ma valeur en tant qu'être humain).

F. Foule : les autres devraient toujours être gentils avec moi.

Ces trois convictions couvrent à elles seules la façon dont nous envisageons notre être, nos congénères et notre vie : ce qui comprend à peu près tout ce à quoi nous pouvons (de manière irrationnelle) penser.

ANGOISSE N° 19 — NOTRE CHEF EST FOU

Un chef d'entreprise a récemment été accusé du meurtre de sa femme. Commentaire du *Wall Street Journal* : « Il est plutôt rare que les dirigeants soient impliqués dans des affaires qui n'ont aucun lien avec leur société. »

C'est à croire qu'on les arrêterait plutôt pour des délits *liés* à leur entreprise.

[7] Ce livre s'appuie sur le travail d'une douzaine de psychologues (que je mentionnerai au fur et à mesure). Je suis particulièrement reconnaissant à Albert Ellis pour les trois convictions qu'il a identifiées. Il a écrit de nombreux ouvrages, dont *L'Approche émotivo-relationnelle, Dominez votre anxiété avant qu'elle ne vous domine, Gérer son stress pour les nuls.*

J'ai de la peine pour cette société. Ses salariés doivent être sous le choc et même si leur patron est finalement innocenté, il sera dur d'effacer les marques laissées par les soupçons.

Je me souviens d'un homme que j'avais interrogé pour un poste de cadre supérieur. Il me disait qu'il était un peu colérique, et il avait ajouté rapidement qu'il n'était tout de même pas un « dangereux forcené ». Je m'en doutais bien, car il n'avait rien d'un forcené à lire son curriculum. D'ailleurs, où placer cette information dans un CV ? (Autres expériences professionnelles ? Loisirs ?)

Son commentaire m'avait mis mal à l'aise, comme chaque fois que quelqu'un vous dit qu'il n'est pas quelque chose mais que votre esprit a du mal à entendre le « pas » et ne retient que ce « quelque chose ».

Je ne l'ai pas embauché et il a eu l'air de bien le prendre : je suis toujours en vie.

Revenons à notre chef d'entreprise inculpé. Même si l'on découvre qu'il n'est pas le coupable que l'on présumait, certains auront toujours un doute. J'espère qu'il est innocent. La plupart des chefs d'entreprise sont des êtres normaux tout à fait fréquentables. Il vaut mieux. Les patrons se doivent de respecter des normes de qualité assez strictes, professionnellement et personnellement.

Lorsque vous dirigez, chaque geste compte. Les employés assistant rarement à vos prises de décision éthiques, à la vie à la mort, ils déduisent la valeur de vos normes à votre courtoisie, aux politesses, aux vêtements, à votre allure…

Parfois, votre meilleure action sera de vous montrer, d'être visible et accessible pour que les salariés voient toutes ces « petites » choses. Si vous n'êtes jamais là, ils en tireront de mauvaises conclusions et penseront que vous paradez sur un parcours de golf.

Ils ne vous laisseront jamais le bénéfice du doute. Après tout, vous pourriez tout aussi bien être en prison.

Bloqué par la circulation

Voici un rapide exemple de ce que peuvent faire ces trois pensées déraisonnables lorsqu'elles entrent en action.

Supposons que je me rende en voiture à l'aéroport pour prendre l'avion. Tout à coup, je remarque que la circulation est dense ; ça m'énerve.

Je suis persuadé que c'est la circulation qui m'énerve, mais en fait les vrais coupables ce sont ces 60 000 pensées qui encombrent ma tête, bien plus que l'autoroute. Quelles sont donc ces réflexions qui m'exaspèrent ?

Circonstances (mal)Heureuses : regardez-moi cette circulation. C'est complètement fou. On ne devrait jamais se retrouver dans une telle circulation. J'ai horreur de la circulation. Circulez, circulez, y a rien à voir.

Ego : j'aurais dû partir plus tôt. Mais qu'est-ce qui me prend, je dois être vraiment bête. Maintenant, je vais être en retard. Il n'y a rien de pire que d'être en retard et bête à la fois.

Foule : je n'arrive pas à croire que tous ces gens conduisent comme ça. Mais qu'est-ce qu'il me fait celui-là devant ? Il est fou. Je n'ai fait de queue de poisson à personne, moi.

Dans la plupart des cas, vous ne pouvez pas maîtriser la circulation, pas plus que les circonstances, votre ego ni la foule des autres conducteurs. Vous avez en revanche un tantinet de maîtrise sur ce que vous pensez et sur la quantité de réflexions à l'heure que vous produisez. C'est un peu le sujet de ce livre.

Au cours des trois prochains chapitres, nous étudierons dans le détail chacune de ces trois certitudes en commençant par les circonstances (mal)heureuses. Dans la deuxième partie, nous développerons des techniques plus pragmatiques afin de réfléchir autrement.

ANGOISSE N° 20 — LA CIRCULATION

Article paru dans un journal : un syndicat discute de la possibilité de bloquer la circulation durant les heures de pointe pour attirer l'attention des gens sur la grogne des travailleurs.

Quel lien entre la circulation et la grogne des travailleurs ? En existe-t-il même un ?

Je pense que oui ! Je travaille et la circulation me rend particulièrement grognon.

Je suggérerais au syndicat de changer de slogan : « Le gouvernement ne sait plus où il va, et vous non plus. »

Je doute cependant que l'homme de la rue réagirait favorablement : « Cette circulation me rend dingue !!!! Et pourtant, j'éprouve de plus en plus de sympathie pour la grogne des travailleurs. »

Enfin, cela n'a pas beaucoup d'importance. Impossible d'arrêter la circulation aux heures de pointe, puisqu'elle est déjà bloquée. C'est là toute la raison d'être des heures de pointe. Si ce syndicat cherche vraiment à attirer l'attention des automobilistes, il devrait s'inquiéter de débloquer la circulation.

CHAPITRE 2
CIRCONSTANCES (MAL)HEUREUSES (CHEF)

RAISONNEMENT IRRATIONNEL :

L'univers ne devrait jamais présenter d'inconvénients ni me mettre mal à l'aise. Il devrait toujours me procurer ce que je désire et ne jamais m'imposer ce que je ne veux pas.

C'est par milliers que les circonstances de la vie (petits et gros soucis quotidiens) nous mettent mal à l'aise et nous irritent. Si vous songiez à vivre une vie sans problèmes, vous vous êtes trompé de planète. La Terre est tout ce qu'il y a de plus problématique.

Il y a d'abord les catastrophes naturelles telles que les tremblements de terre. Les séismes sont quasiment incompréhensibles ! La terre qui est sous nos pieds et dont on pourrait raisonnablement penser qu'elle reste toujours à la même place décide tout à coup, pour une raison floue, de bouger.

(Lorsque vous pensez à ces problèmes graves, s'énerver pour des futilités vous paraît tout à coup stupide. Ma chaise de bureau, par exemple – celle sur laquelle je suis assis en ce moment – est extrêmement inconfortable.

Mais qui se soucie d'une chaise ? C'est tellement banal. Oubliez tout ça.)

Viennent ensuite ce que j'appellerai les histoires d'eau : les lames de fond, les attaques de requins, les problèmes de plomberie. (Excusez-moi de revenir à ma chaise, mais vous comprendriez si vous tentiez de vous y asseoir ne serait-ce que cinq minutes, c'est quasiment mission impossible.)

N'oublions pas, non plus, les insectes. Où que vous alliez en vacances d'été, vous trouverez des tiques et des moustiques. (Pourquoi diable ai-je donc acheté cette chaise ? Je me rappelle avoir lu un article sur les problèmes de dos qui signalait l'inconvénient des chaises de luxe bien rembourrées. Elles ne seraient bonnes que s'il vous prend l'envie de faire un truc complètement fou : vous installer confortablement au travail. Sinon, mieux vaut une chaise d'écolier au dossier bien raide qui vous force à gigoter, à changer de position et, à l'occasion, à vous tortiller d'agonie.)

Ensuite, il y a les guerres, les crimes, les famines, la pauvreté, la maladie… La liste est sans fin. Sans oublier de mentionner, tout de même, le percepteur… et le travail.

Circulaire spéciale à l'attention des percepteurs

Loin de moi l'idée d'insinuer que la fiscalité est mauvaise en soi. J'aime la fiscalité, ainsi que mon percepteur. Beaucoup même. Je ne pense pas non plus que les contrôles fiscaux soient futiles.

Quand bien même le seraient-ils, et alors ? J'aime aussi la futilité.

En fait, retirons tout de suite le percepteur de la liste de nos malheurs. Oubliez ce que j'ai dit au chapitre précédent.

Par la même occasion, je signale que ce livre va me rapporter bien moins que tout ce pour quoi vous rêveriez de me contrôler.

Bref, l'univers n'organise pas ses jours autour de nous, ni ne se soucie d'ailleurs de ce que nous voulons ou non.

Ce chapitre nous permettra de voyager mentalement au travers d'une journée normale de travail et d'aborder certains des (nombreux) inconvénients liés à celle-ci. Point essentiel à souligner, dès le départ, sur le thème « journée normale de travail » — point simple mais délicat : la vie est pleine d'inconvénients.

Répétez tous en chœur : LA VIE EST PLEINE D'INCONVÉNIENTS. LA VIE EST PLEINE D'INCONVÉNIENTS.

Je ne suis pas sûr que vous me suiviez.

La vie est pleine d'inconvénients. La vie est pleine d'inconvénients.

Il est bon de nous rappeler cette vérité première (La vie est pleine d'inconvénients) car espérer que la vie ne présente jamais d'inconvénients est déjà problématique en soi.

Malheureusement, nous passons notre vie à souhaiter qu'elle soit facile, même si nous n'employons pas exactement ces termes et n'exprimons pas vraiment cette pensée. Il existe mille et une manières de tenir ce raisonnement irrationnel, le premier d'entre tous : *l'univers ne devrait jamais présenter d'inconvénients ni me mettre mal à l'aise.* À mesure que nous explorerons notre quotidien, nous signalerons les diverses variations sur ce thème.

La journée terminée, nous chercherons à comprendre pourquoi même si nous obtenons ce que nous désirons, la vie continue de présenter des inconvénients.

ANGOISSE N° 21 — Les impôts

Une fois de plus, j'ai attendu la dernière minute pour déclarer mes revenus.

De nombreuses personnes attendent également cette minute-là, en raison d'un intense conflit interne : une partie de nous-mêmes ne veut pas payer d'impôt, mais une autre partie (plus raisonnable) ne veut pas aller en prison.

Bref, je vais jusqu'à la poste centrale à 22 h 00 (minuit étant le dernier délai pour poster la déclaration) et je m'étonne d'y trouver une foule de gens qui, comme moi, envoient leur déclaration-qui-n'est-pas-encore-en-retard.

J'étais très ému de voir tous ces congénères et je dois avouer que j'étais fier, pendant quelques secondes, de savoir remettre au lendemain ce que je pouvais faire la veille.

Se rendre au travail

La journée type commence par un combat terrible pour se rendre au boulot. Hier, par exemple, ça ne m'a pris que deux heures, mais c'est parce que je travaille chez moi. Où que vous travailliez, il est difficile de s'y mettre. (Raisonnement irrationnel : aller travailler ne devrait pas être aussi dur que de travailler.)

(Comme mentionné précédemment, ce raisonnement n'est qu'une variation sur le thème majeur de ce chapitre : *l'univers ne devrait jamais présenter d'inconvénients ni me mettre mal à l'aise.*)

◗ ANGOISSE N° 22 — (Ne pas) Travailler à la maison

De plus en plus de gens travaillent chez eux, du moins à temps partiel – ce qui n'est pas sans soulever problèmes et questions.

Q : Que se passerait-il si tout le monde décidait de travailler à la maison ?

R : Aucune idée ! Mais je sais une chose, c'est que je commence toujours à travailler en me posant des questions.

Q : Qu'est-ce qui est le plus dur lorsqu'on travaille chez soi ?

R : Le plus dur, c'est vraiment de travailler. C'est tellement agréable de se laisser simplement glisser du lit jusqu'au bureau. Mais, attention, vous pouvez re-glisser aussi sec du bureau au lit, ou vers n'importe quel autre coin de la maison.

Q : Comment cela se passe-t-il concrètement ?

R : Par exemple, vous tombez sur un premier os, vous vous levez pour vous étirer et tout à coup vous vous retrouvez devant la télé en train de regarder les informations, juste pour vous assurer que les cours de la Bourse ne vous jouent pas des tours (une petite faiblesse, un crash ou, en termes plus techniques, un « gros plongeon ») qui vous mettraient mal à l'aise. Une fois perturbé par les cours de Bourse, vous devrez sans doute vous requinquer par un bon déjeuner avant de vous sentir enfin vraiment prêt pour faire la sieste.

Le trajet

Si vous ne travaillez pas chez vous, vous avez du trajet à faire. Le temps moyen de trajet aux États-Unis est, par exemple, de 23,8 minutes (ailleurs, qui sait…). Le problème avec les statistiques comme celle-ci est qu'elles culpabilisent 50 % des actifs (qui ont un temps de trajet plus long que la moyenne).

(Raisonnement irrationnel : mon temps de trajet devrait être inférieur à 23,8 minutes.)

J'aimerais tant que ceux qui inventent les statistiques les gonflent un peu pour que le reste de la population se sente dans la moyenne.

Ils devraient dire : « Estimez-vous heureux si vous êtes capables de rejoindre votre lieu de travail en moins de 28,3 *heures.* »

Quoique… une statistique calculant 23,8 minutes est peut-être déjà en soi une exagération. (C'est le genre de réflexion que l'on finit par avoir lorsqu'on passe plus de 23,8 minutes dans les transports.) Pour raccourcir le temps de trajet, il existe un moyen : partir à des heures insolites, quand personne n'ose circuler, moi y compris. Pourquoi personne ne circule-t-il à ces heures indues ? TROP D'INCONVÉNIENTS !

L'une de mes voisines quitte la maison à 5 heures du matin. Il fait noir, il fait froid, on est encore en pleine nuit ! Mais elle assure que partir à cette heure matinale est la seule façon d'arriver à abattre son travail. Je ne sais pas exactement ce qu'elle fait, elle est dans la finance. Bandit de grand chemin peut-être. Je parviendrais facilement à diviser par deux mon temps de trajet si je partais à 5 heures du matin — lorsque je dois aller travailler en clientèle. L'inconvénient est que je n'arrive pas à appliquer ce principe avant 7 heures du matin.

ANGOISSE N° 23 — MA VOITURE

E-mail d'un bon copain : pour aller au boulot, je ne peux compter que sur ma voiture et elle fait des bruits bizarres depuis quelque temps, un peu comme lorsque la petite dernière joue de la clarinette.

Auriez-vous, par hasard, une Ford construite entre 1988 et 1993 ? Si tel est le cas, ne vous inquiétez pas sauf si elle prend feu. Ford a rappelé 8,7 millions de véhicules pour un problème d'allumage. Apparemment, ces voitures étaient un peu trop promptes à s'allumer. J'admire la franchise de Ford. Difficile de reconnaître publiquement une erreur aussi embarrassante. Au lieu d'allumer le feu, ils auraient pu passer cela sous silence et parler simplement d'un problème de « chauffage ».

Le fait que votre véhicule soit susceptible de prendre feu ne veut pas dire qu'il brûlera à coup sûr. Il pourrait arriver n'importe quoi. C'est un peu comme les prévisions météo : « Demain s'annonce plutôt mouillé avec des averses matinales, mais si vous conduisez une Ford de 1988 à 1993, c'est peut-être une bonne nouvelle. »

MON ENTREPRISE EST-ELLE TOUJOURS LÀ ?

Ça y est : vous êtes enfin arrivé au bureau. Mais attendez ! Deux secondes ! Sont-ce bien là les bureaux de votre entreprise ? Vous savez, les sociétés d'aujourd'hui ont tendance à disparaître.

Prenons ma banque. Elle a été rachetée trois fois en un an. Chaque fois, elle a changé de nom et a insisté pour prévenir tous les clients, comme si elle venait de se marier.

Tous ces mariages et baptêmes perturbent les clients comme les employés. C'est un peu déconcertant de savoir que votre banque possède plus de noms qu'un criminel n'a de fausses identités. Que se passerait-il si les clients de la banque changeaient aussi souvent ?

« Bonjour, dirait le client, la semaine dernière vous me connaissiez sous le nom de Jo. Le mois dernier, j'étais pour vous Joey, et avant ça Denis la menace. Aujourd'hui, appelez-moi Johnny. »

Vous confieriez votre argent à quelqu'un comme ça ?

La plupart des gens préfèrent un minimum de stabilité. C'est pourquoi lorsqu'ils se rendent à leur travail le matin, ils espèrent que leur entreprise est toujours là, qu'elle n'a été ni achetée, ni fusionnée, ni mise en faillite. Et pourtant...

(Raisonnement irrationnel : ma société devrait rester la même pendant au moins toute une semaine.)

ANGOISSE N° 24 — LES RESTRUCTURATIONS

Rêve d'un bon copain : nous n'arrêtons pas de nous restructurer et le nombre de personnes sous ma coupe ne cesse de croître. Un jour, j'ai dix subordonnés, le lendemain vingt, etc. Ma secrétaire voudrait savoir où organiser les réunions hebdomadaires du personnel. Il n'y a plus assez de chaises en salle de conférence. Je lui conseille de louer un stade.

À la réunion, je m'adresse au personnel depuis la ligne d'en-but avec un haut-parleur :

« JE NE SAIS ABSOLUMENT PAS CE QUE VOUS FAITES, MAIS CONTINUEZ À BOSSER. »

Les restructurations perturbent. Elles nous donnent l'impression d'être tout sauf bien structuré. Après une restructuration, ce qu'il vous faut c'est une bonne réorganisation. Mais qui sait ce qui vous attend ? Restructuré un jour, externalisé ou délocalisé le lendemain ? La seule idée d'être externalisable et délocalisable donne le vertige. Pourquoi pas satellisable : au lancement, tout semble stable et la minute qui suit, on vous catapulte à l'autre bout du monde telle une soucoupe volante.

Encore pire, vous pourriez faire l'objet d'une OPA hostile. Effrayant : « Nous allons prendre le contrôle de votre société. Vous feriez mieux de ne pas résister car nous sommes très agressifs. »

Votre bureau

Ça y est, vous êtes arrivé. Pénétrons, maintenant, dans votre bureau, si vous en avez un. Certains sont surpris de constater, lorsqu'ils arrivent dans une nouvelle entreprise, qu'ils n'auront pas de bureau ou que celui qu'ils auront la chance d'avoir est moins confortable qu'ils ne le rêvaient.

(Raisonnement irrationnel : je devrais toujours avoir un bureau pour moi tout seul et il devrait être plus grand qu'une boîte de sardines.) Mais *confortable* peut vouloir dire tant de choses. Un PDG vient de dépenser une petite fortune (disons 300 000 dollars) pour rénover son bureau. Petit problème : il a réalisé les travaux alors que sa société perdait de l'argent et rationalisait les emplois. Il s'est fait installer un bain à bulles alors que sa boîte prenait le bouillon.

(Raisonnement irrationnel : je devrais avoir le bureau le plus confortable… de tout le système solaire.)

ANGOISSE N° 25 — LES BUREAUX PAYSAGERS

Si vous rêvez d'un bureau qui soit un peu votre deuxième maison loin de chez vous, justement, un box de bureau paysager doit vous sembler bien inhabituel comme demeure. Imaginez un propriétaire essayant de vous en louer un : « Vous ne trouverez rien de mieux dans les environs. Il est hyper-compact. Nous sommes partis du concept de la maison de maître, puis nous avons supprimé les pièces superflues, c'est-à-dire toutes sauf les 'water-closet'.

Nous étions confrontés à des problèmes délicats : 'A-t-on vraiment besoin d'une porte ? Quelle est l'utilité réelle d'un plafond tant qu'il ne pleut pas ?' »

Certaines personnes se sentent trop exposées en l'absence d'une porte et d'un plafond. Témoignage d'un locataire : « Des centaines de collègues peuvent me voir, m'entendre ou débarquer à l'improviste. Sinon, c'est vrai que j'ai toute l'intimité dont j'ai besoin. »

Supposez que vous vouliez plus que cette intimité *a minima*. Que faire ? Récemment, j'ai entendu parler d'une société qui installait des rétroviseurs dans ses box. Fixez-en un sur votre ordinateur et vous pourrez voir les visiteurs approchant dans votre dos. J'aime bien cette idée, même si, techniquement parlant, un rétroviseur transforme votre box non pas en une deuxième maison, mais plutôt en une voiture.

Et pourquoi pas un volant, un accélérateur et un V6 pour moteur ? Plus de problèmes, vous pourriez vous évader quand bon vous semble.

Les machines

Avant d'allumer votre ordinateur, parlons un peu machines.

(Raisonnement irrationnel : nous ne devrions jamais avoir à parler des machines. Elles devraient être compréhensibles au premier coup d'œil.)

La plupart des métiers impliquent qu'il faille travailler avec des gens, des informations ou des machines. La plupart d'entre nous préférons simplement l'un (à la rigueur deux) de ces trois choix. Par exemple, je préfère travailler avec des gens, et plus particulièrement avec des gens qui ont des informations sur « comment fonctionnent ces machines ».

(Raisonnement irrationnel : *quelqu'un* devrait toujours savoir faire marcher toutes ces machines.)

Parfois, lorsque je me sens frustré devant tant de matériel bureautique, je rêve de devenir agriculteur. Je pourrais passer mes journées, et mes nerfs, sur les machines agricoles.

Difficile toutefois d'imaginer un tracteur, une moissonneuse-batteuse ou une brouette qui tombent aussi souvent en panne que mon PC. Je trouve que les équipements bureautiques sont particulièrement nerveux et irritables.

J'ai une théorie là-dessus : les appareils d'intérieur sont souvent plus à cran que ceux de plein air parce qu'ils ne sortent jamais de leurs quatre murs. Être enfermé en permanence influe sur le comportement des gens et, forcément, sur celui des machines. Ces appareils d'intérieur fonctionneraient sans doute mieux s'ils s'aéraient les circuits plus souvent.

Il ne me reste plus qu'à mettre en pratique ma théorie en balançant tout mon matériel informatique par la fenêtre.

(Raisonnement irrationnel : jeter son équipement bureautique par la fenêtre devrait être plus facile.)

ANGOISSE N° 26 — MES AMIS, LES ORDINATEURS

Rêve d'un proche : dernièrement, je rêvais que j'appelais mon chef pour lui dire que j'étais malade. Dans mon rêve, j'annonçais que j'avais attrapé un virus informatique. Il me demandait si je me moquais de lui et je n'ai pas répondu. C'est l'un des symptômes : lorsqu'on me pose une question, je plante.

Que signifie ce rêve ?

(NB : bien que je ne sois pas un spécialiste du rêve, je suis tout à fait compétent en la matière. D'aucuns me qualifient de « rêveur professionnel ».)

Vous semblez vous identifier énormément à votre ordinateur, au point d'en partager les souffrances. Considéreriez-vous l'ordinateur comme une extension de votre propre corps. C'est un cas classique. Après tout, vous passez probablement toutes vos journées à le fixer des yeux, à en admirer les lignes et à dépendre totalement de lui.

En seriez-vous tombé amoureux ? Il n'y a aucune honte à cela. Malheureusement, les ordinateurs font rarement de vieux os. Il serait bon de vous orienter vers d'autres types de relations plus saines, avec une belle photocopieuse ou une imprimante plus stylée.

LES MESSAGES

N'est-ce pas l'heure de vérifier les milliers d'e-mails et de messages vocaux qui se sont accumulés depuis hier ?

Certains pensent sûrement que vous abusez de ces moyens impersonnels de communication afin de vous éviter l'angoisse d'un contact direct.

(Raisonnement irrationnel : il devrait y avoir des moyens plus faciles d'éviter les contacts directs.)

Pour Edward Hallowell, psychiatre, nous avons besoin, au contraire, de plus d'« instants d'humanité », avec un maximum d'interaction en tête-à-tête.

L'un de mes collègues se plaignait un jour de crouler sous les e-mails, dont la plupart provenaient de collègues assis à quelques mètres de lui. « Si c'est si difficile pour eux de faire le déplacement à pied jusqu'à mon bureau, qu'ils appellent un taxi ! »

ANGOISSE N° 27 — LES MESSAGES SUR RÉPONDEUR

Message vocal de l'une de mes connaissances : « Y a quelqu'un ?? Pourquoi personne ne répond-il jamais au téléphone aux heures de bureau ? Ils sont tous sortis ou quoi ?! MAIS OÙ SONT-ILS DONC TOUS PASSÉS ????»

Souvent, ceux que vous appelez sont là, mais ils ne veulent pas vous parler parce qu'ils sont trop occupés à faire autre chose comme : écouter tous les messages qui se sont accumulés.

Personne ne répond plus au téléphone, pas même la police sans doute : « Vous venez d'appeler Police Secours et nous vous en remercions. Pour le moment, tous nos conseillers sont sortis afin de lutter contre le crime. Si vous êtes en train de vous faire agresser, appuyez sur 1. Si vous voulez porter plainte, appuyez sur 2. Si vous êtes le Colonel Moutarde, dans la bibliothèque, avec le chandelier, appuyez sur 3. »

LES RÉUNIONS

Vous assisterez sûrement à une réunion à un moment donné de la journée. Bien que les réunions créent une occasion plaisante (ou angoissante) de contacts directs, certains se plaignent qu'elles fassent perdre du temps, notamment lorsqu'elles n'ont pas de but précis, ni d'ordre du jour établi, ni de café et croissants.

(Raisonnement irrationnel : les réunions ne devraient jamais être une perte de temps, le café et les croissants devraient toujours être fournis.)

Même avec un ordre du jour bétonné, les réunions ont tendance à se perdre dans les méandres de nos esprits (un peu comme le ouistiti du chapitre précédent).

Imaginons que nous sommes à une réunion, là, maintenant, et que nous dressons la liste des inconvénients liés aux réunions.

1. Elles commencent toujours en retard.

2. Ce n'est pas vraiment à l'ordre du jour, mais quelqu'un sait-il quand le nouveau système informatique sera mis en production ?

3. Les salles de réunion sont trop ________________ (au choix : chauffées, froides, petites, grandes, sombres, ensoleillées…).

4. Quel score ont fait les champions du monde hier soir ?

5. Quelqu'un peut-il m'expliquer exactement ce que nous sommes en train de faire à l'instant ? Il me semble que cette liste pourrait concerner n'importe quoi.

6. Je ne sais pas comment formuler cette idée. Aidez-moi. Quelqu'un sait-il de quoi je veux parler ?

7. Excusez-moi, je suis en retard. Qu'est-ce que j'ai raté ?

8. Je me répète encore et encore.

9. Je me répète encore et encore.

10. Surtout faire en sorte de ne rien accomplir.

ANGOISSE N° 28 — S'ENDORMIR EN RÉUNION

Si votre travail implique des réunions, dormir en réunion est l'un des risques professionnels qui vous guettent. Dormir en réunion n'est pas une bonne idée : trop de bavardages, de bruits et de mouvements en général pour un repos salutaire.

De plus, vos confrères vous veulent réveillé, frais et dispos. Il ne suffit pas de garder les yeux ouverts, en fixant le vide intensément. Vous devez avoir l'air de vous impliquer.

Comment ? En prenant des notes, par exemple. D'après un sondage réalisé par A. T. Cross (fabricants d'articles de papeterie) et repris par le *Wall Street Journal*, 6 % des cadres prennent des notes durant les réunions « pour faire semblant d'être attentifs ».

Quid des autres cadres qui prennent aussi des notes ? Aucune information à leur sujet, mais certains font probablement « semblant de prendre des notes ».

En d'autres termes, vous pouvez *prétendre* prendre des notes tout en faisant quelque chose de totalement différent, de plus stimulant, au choix dans la liste ci-dessous.

• Écrire un petit mot pour vos voisins (exemples : est-ce que tu sais pourquoi on est là ? Qui sont ces gens ? Quand est-ce qu'on mange ?)

• Rédiger un scénario (exemple : c'est un film d'horreur à propos d'une réunion qui n'en finit plus. Soudain, la réunion se prolonge encore, puis encore un peu. Titre provisoire : la réunion qui a envahi notre société !)

• Remplir un dossier de candidature pour une école d'orthodontie (Question : « Pourquoi voulez-vous être dentiste ? » Réponse : « Pour anesthésier tous ceux qui voudraient prendre rendez-vous avec moi. »)

Bien entendu, certains individus prennent réellement des notes pour se souvenir précisément de la réunion, sinon qui croirait réellement qu'elle a eu lieu.

Le boulot

Vous vous mettez enfin au travail. L'un des gros inconvénients du boulot, c'est cette notion de *travail*. Quelqu'un attend vraiment de vous que vous réalisiez quelque chose, que vous remplissiez votre fonction, que vous accomplissiez des projets.

Cela fait beaucoup, certes, et tout doit être fait immédiatement. Malheureusement, après le trajet, les problèmes d'informatique, les e-mails et les réunions, il n'y a plus de temps pour tout ça.

(Raisonnement irrationnel : je devrais toujours avoir assez de temps pour faire mon boulot.)

« Surcharge », tel est le terme désignant officiellement le fait que vous ayez trop à faire. C'est un peu comme si vous étiez arrière pendant un match : vous avez environ trois secondes pour agir avant que les attaquants ne vous tombent dessus et ne vous anéantissent.

En d'autres termes, la « surcharge » constitue votre pain quotidien.

◗ ANGOISSE N° 29 — Les délais

D'après une étude parue dans le *New York Times* et menée par le Beth Israel Deaconess Medical Center, les dates butoirs peuvent vous buter pour de bon.

Cette enquête étudiait le lien entre diverses fonctions stressantes et le risque de crise cardiaque. Les délais tenus sous pression arrivaient en tête de liste, augmentant de 2,3 fois le risque normal.

Le vrai problème se pose après la crise cardiaque, lorsque l'hôpital vous ordonne de vous rétablir rapidement.

Médecin : comment vous sentez-vous aujourd'hui ?

Patient : ça va, mais je suis encore un peu essoufflé…

Médecin : c'est bien, car vous sortez dans 10 minutes.

Patient : ... et j'ai des vertiges, des nausées...

Médecin : un autre infarctus vient d'arriver sur civière pendant que nous discutions.

Patient : ... je transpire beaucoup, j'ai une sensation d'étau dans la poitrine...

Médecin : j'ai dit 10 minutes, pas 15, ça signifie dès que vous êtes habillé ; 10 MINUTES !

Patient : ... une douleur intense qui irradie dans le bras...

Médecin : (vérifiant sa montre) huit minutes et vingt secondes. Allez, bougez-vous mon vieux !

TIQUE-TAC

Voilà pour la journée normale. Oublions le boulot un instant et voyons si nous parvenons à déterminer pourquoi la vie est si problématique. J'ai besoin de vacances, pas vous ?

Or, même les vacances peuvent être bourrées d'inconvénients. Imaginez : vacances d'été, magnifique plage au soleil couchant, le homard vous attend pour dîner. Tout à coup, vous vous retrouvez encerclé par __________ (remplissez le blanc par un élément de la liste qui vous dérange : tiques, requins, inspecteurs des impôts, etc.).

Malheureusement, la tique (le requin ou l'inspecteur) qui s'accroche à vos basques l'emporte toujours sur le homard... À moins que le homard n'entre en scène dans un de ces moments saisissants, requérant toute votre vigilance : il saute de la marmite bouillante pour vous mordre le mollet.

J'utilise la métaphore de la *tique* pour symboliser ce qui ne va pas (problème, inconvénient). *Il y a toujours au moins une tique qui vous contrarie.*

Malgré sa petite taille, le problème peut devenir obsédant, car dès qu'une chose va mal, elle a tendance à retenir toute notre attention, à nous faire oublier les centaines d'autres choses qui vont bien.

Le tac représente le temps : la satisfaction d'avoir ce que l'on veut ne dure qu'un temps, même en l'absence de tiques – Et, toc ! Normal, puisque toutes les choses existent dans le temps... Rien n'est éternel.

J'ai parfois passé des vacances tellement splendides que j'étais tout triste à l'idée qu'elles finissent, avant même qu'elles ne soient terminées.

« Allons, tu t'en remettras, me disait Freud. Ce n'est pas comme si nous devions quitter Vienne. »

ANGOISSE N° 30 — MON MÉTIER N'EST PAS ÉTERNEL

Quand avez-vous rencontré pour la dernière fois un artisan réparant des machines à écrire ? Les métiers, ça s'en va, ça revient, puis ça disparaît totalement. Quelle angoisse !

Par contre, il est facile de prévoir les métiers qui ont de l'avenir. Vous voudriez vous recycler dans l'une de ces professions qui montent ? En ce moment, choisissez caissière !

Caissière est en tête de liste des métiers à forte croissance d'après le Bureau des statistiques du travail américain, qui prévoit que la société aura besoin de centaines de milliers de caissières dans les prochaines années.

Ces prévisions me semblent toujours magiques. Comment savoir si ce Bureau ne les invente pas de toutes pièces ? Théorie — Un jour, un employé du Bureau des statistiques, exaspéré d'attendre aux caisses du supermarché, se mit à penser : « Si seulement nous avions plus de caissières. »

Si je travaillais dans le même bureau que lui, voici les prévisions que je ferais.

• Baby-sitters, exclusivement libres la veille des jours d'école.

• Mécaniciens auto ne pratiquant pas des tarifs outranciers et n'utilisant que des mots compréhensibles.

• Artisans venant chez vous le jour prévu et réparant vraiment tout, même les machines à écrire.

Bonne nouvelle sur l'éternité

Ce qu'il y a de bien lorsque rien n'est éternel, c'est que même les pires choses ont une fin. Impossible de faire passer dans l'éternité vos humeurs les plus massacrantes, vos pensées les plus noires, votre pire journée. Ça fait du bien quand ça s'arrête, et c'est tellement bon de le savoir quand on ne tient pas la meilleure des formes.

Même une pensée comme « je déteste la précarité de cet emploi » est précaire.

Autrement dit, tous les tunnels ont une fin et débouchent en pleine lumière. Le tunnel ne dure pas l'éternité, la lumière non plus, malheureusement.

◗ ANGOISSE N° 31 — Mauvaises nouvelles sur l'éternité

Il est toujours difficile de faire vivre les choses. Pour faire vivre une entreprise (du moins, temporairement), l'une des astuces est de fidéliser ses clients. Or, les clients non plus ne sont pas éternels.

Personne, surtout pas la banque de mon beau-père, n'aime perdre ses clients. Mon beau-père a fermé son compte dans cette banque voilà des années, pour cause de décès, mais la banque insiste pour lui envoyer chaque mois son relevé de carte bancaire, que la poste fait suivre chez nous. Ma femme a bien déclaré la mort de son père à l'agence. Elle a envoyé une copie du certificat de décès, mais ces papiers ont été perdus par les employés et, par principe, elle a refusé de refaire des photocopies.

La banque, de son côté, refuse d'admettre le décès de mon beau-père et préfère, je pense, le considérer comme un client ayant un compte vraiment peu dynamique.

J'ai presque envie de l'exhumer et de l'emmener à la banque. Ça devrait bien se passer car, pour son dernier voyage, il avait revêtu son plus beau costume.

— Est-ce que cet homme a vraiment l'air d'avoir besoin d'une carte de crédit ?

Le directeur d'agence le regarderait de plus près et comprendrait que non, Milton (c'est le nom de mon beau-père) n'a plus besoin d'une carte de crédit.

— Non, c'est vrai ! Mais que pensez-vous d'un crédit immobilier, enchaînerait-il, il doit être un peu à l'étroit dans son nouveau logement.

Admirez la perspicacité et la persévérance, deux qualités que mon beau-père a toujours révérées. Qu'il repose en paix !

EN ATTENDANT LE JOUR OÙ LE BONHEUR VIENDRA

Bien que les tiques et les tacs fassent qu'il est difficile d'être heureux à l'instant T, nous espérons toujours que le bonheur viendra un jour, quand tout sera réglé. Pourtant… Et si l'existence n'était pas faite pour se dérouler toujours à la perfection ? Si elle était trop compliquée pour bien fonctionner ?

Qu'importe, nous continuons de penser que nous serons plus heureux demain. Je serai vraiment content quand j'aurai xxx.

Xxx représente n'importe quoi : l'examen d'entrée à l'université, le diplôme final, un emploi, un nouvel emploi, une carrière totalement différente, une maison, une maison mieux décorée… ou la fin de mon crédit immobilier, la vente de la maison, mon mariage, mon divorce, etc.

L'événement X n'existe que dans le futur, jamais dans l'instant présent. Dès qu'il survient (à supposer qu'il survienne), un autre X le remplace et nous sommes de nouveau moins heureux.

En ce moment, par exemple, j'attends que mon agent vende ce livre encore inachevé à un éditeur. Ensuite, je pourrais être content. Dès qu'il l'aura vendu, il faudra pourtant que je termine ce livre. Je serai nettement moins heureux.

Ensuite, il faudra qu'il soit imprimé et vendu jusqu'au dernier exemplaire.

Je devrai alors enchaîner sur un nouveau projet, peut-être un autre livre… Certains pays, comme les États-Unis, déclarent que leurs citoyens ont un droit inaliénable à la « recherche du bonheur ». Le chercher, c'est bien joli, mais personne n'a jamais expliqué comment le trouver.

ANGOISSE N° 32 — EN ATTENDANT LE JOUR OÙ VOUS DOUBLEREZ VOTRE CAPITAL

Pourrez-vous prendre votre retraite ? Avant la mise à la retraite, il vous faudra sans doute gagner N-fois plus d'argent. Combien de temps vous faudra-t-il pour gagner deux fois plus ? Il y a une règle : la règle de 72. Divisez 72 par votre taux de rendement. Imaginons que le taux de rendement initial de votre épargne retraite soit de 10 % à l'année, il faudrait donc théoriquement 7 ans et 2 mois (72 divisés par 10) pour que votre capital double sur le marché.

La règle de 72 m'angoisse. C'est tellement dérisoire comme chiffre, 72, par rapport à mon avenir financier. Il faudrait en savoir plus que ça pour connaître notre solvabilité. Voici ce que je suggère.

Règle de 72, ou était-ce 172 ? Qui s'en souvient vraiment ? Cette règle indique que d'ici à ce que vous ayez doublé votre capital, vous ne saurez plus à quoi a servi la moitié de celui-ci.

Règle des 72 centimes : c'est la somme qu'il vous restera après avoir doublé votre capital et payé les taxes et impôts. Règle des 72 secondes : c'est le temps qu'il vous faut pour tout perdre au casino ou partout ailleurs si vous essayez de doubler rapidement votre capital.

Règle des 72 millions d'années : c'est le temps qu'il faut pour gagner enfin au loto et pouvoir prendre sa retraite.

Règle des 72 règles : il existe 71 autres règles à connaître si vous voulez vraiment doubler votre capital dès maintenant, mais elles n'ont pas encore été révélées car nous sommes en train de les inventer.

De quatre choses l'une

Lorsque Bouddha affirme que la vie est souffrance, il ne plaisante pas. Il parle des tiques et des tacs, du problème de la précarité et de la difficulté à être heureux à l'instant T. Illustration de sa théorie.

Quelle que soit la situation donnée, il y a toujours quatre possibilités : nous voulons quelque chose ou nous ne le voulons pas, ensuite nous obtenons quelque chose ou nous ne l'obtenons pas.

Pour mieux illustrer l'exemple, appliquons ces quatre possibilités au travail et aux vacances (l'exemple des vacances figure entre parenthèses).[8]

[8] L'idée de cette matrice émane de Ram Dass, professeur de psychologie à Harvard.

	Je veux	**Je ne veux pas**
J'obtiens	1 *Un bon emploi* *(Un mois de vacances d'été)*	3 *Les inconvénients liés à un bon poste - depuis mon degré d'implication jusqu'au matériel informatique* *(Tiques et moustiques)*
Je n'obtiens pas	2 *Un meilleur poste, plus d'argent, un plus grand bureau, une chaise confortable* *(Des vacances plus longues)*	4 *L'entreprise est délocalisée, acquise, complètement déficitaire* *(Borréliose de Lyme, paludisme)*

À chaque case son lot de problèmes.

Obtenir ce que l'on veut (case 1 : un bon emploi, un mois de vacances d'été) semble génial, mais cela ne va pas sans les tiques et moustiques, ou le tac. C'est un résultat qui nous satisfait, mais pas pour longtemps.

Admettons que vous vouliez vraiment un poste et que vous l'obteniez. Vous êtes enthousiasmé ! C'est peut-être l'emploi rêvé : vous avez grandi en voulant être joueur de football professionnel et, miracle, vous le devenez — votre rêve s'est réalisé. Vous gagnez donc des millions chaque année !

Vous allez pourtant bientôt commencer à déchanter : douleurs après le match, voyages fréquents, six jours d'entraînement par semaine, matchs reportés pour cause de pluie, prolongations, marchandage autour des joueurs... Vous serez moins satisfait, notamment lorsque vous réaliserez que vous ne gagnez que cinq millions par an.

Même si rien de tout cela ne vous contrarie et que vous appréciez votre travail jour après jour, vous ne le garderez de toute façon qu'un temps. Ensuite fini, vous ferez autre chose.

Obtenir ce que l'on veut nous comble pendant au moins un instant. C'est déjà un grand avantage. Ne rien obtenir ou n'avoir que ce que l'on ne veut pas nous rend insatisfaits pour longtemps.

Ne pas obtenir ce que l'on veut (case n° 2 : un meilleur poste, des vacances plus longues) est décevant, parfois même désespérant. C'est également motivant, temporairement du moins, car vous gardez toujours l'espoir et vous vous fixez un but vers lequel il faut tendre. Ces objectifs vous promettent le bonheur futur. Tôt ou tard, ou bien vous finissez par les atteindre et vous vous retrouvez alors avec les problèmes de la case n° 1, ou bien vous n'y arrivez pas et vous êtes forcément déçu.

Obtenir ce que l'on ne veut pas (case n° 3 : trajets, informatique, messages, réunions, tiques), c'est l'horreur. Remarquez, ne pas obtenir ce que l'on ne veut pas (case n° 4 : délocalisation, OPA hostile, borréliose de Lyme, paludisme) n'est pas fantastique non plus. On a rarement l'occasion d'apprécier ce que l'on n'a pas. Très franchement, avez-vous jamais rencontré quelqu'un qui, en se levant le matin, se félicite de ne pas avoir la borréliose de Lyme ou le paludisme ?

« De plus, ajoute Freud, ce n'est pas parce que tu n'as pas la borréliose de Lyme aujourd'hui que tu ne l'attraperas pas demain. Les tiques, c'est comme l'arbre qui cache la forêt. »[9]

ANGOISSE N° 33 — IL FAUT SORTIR UN PEU LE DIMANCHE

On n'arrête pas de nous dire qu'il faut « sortir un peu le dimanche » pour voir plus loin que le bout de son nez… Bref sortir de son cadre habituel au lieu de mettre les gens dans des petites boîtes, toutes pareilles. On nous le répète tellement souvent que cela tient désormais du lieu commun. Pourquoi sortir pour aller plus loin ? Surtout le dimanche ? Qu'est-ce qu'ils ont tous contre les cadres et les boîtes ? Après tout, les chaussures achetées au coin de la rue sont présentées dans des boîtes et nos plus belles photos de famille sont bien encadrées.

Vous souvenez-vous de ce vieux jouet, le diablotin qui sort de sa boîte ? Chaque fois qu'il sortait de sa boîte, j'étais terrifié. Il n'avait aucune patience. J'imagine que tout le monde le narguait : « Eh, dis donc, faudrait sortir le dimanche ! »

J'avais l'impression qu'un jour il sortirait pour de bon et ferait un triple saut périlleux.

Aujourd'hui, si j'étais le diablotin et que quelqu'un me remontait pour me faire bondir, je ne serais pas aussi chatouilleux que lui. Je m'étirerais doucement, je bâillerais et je me mettrais en boule, ma position préférée, en m'assurant que je referme bien le couvercle de ma boîte à double tour. Être dans une boîte sympa est tellement

[9] D'après le Dr Sigal, spécialiste de la borréliose de Lyme, cette maladie, bien que posant un réel problème, n'est pas aussi grave que le pensent les gens. La vraie épidémie, c'est celle des borréliosophobes. Malheureusement, cela ne me rassure pas sur la borréliose de Lyme. J'étais déjà inquiet avec le paludisme et la piroplasmose. Je me demande maintenant si je ne suis pas devenu borréliosophobe – ou hypocondriaque.

confortable, surtout au travail, pourquoi chercher plus loin ?

Nous ferions mieux d'y réfléchir.

Suggestions : au lieu de mettre les gens dans ces clapiers que sont les bureaux paysagers et qui rapetissent à vue d'œil, pourquoi ne pas voir plus loin et passer toute sa carrière dans une grande boîte. Imaginez une belle boîte de diablotin capitonnée de velours.

Vous n'y resteriez pas la journée, bien sûr. Admettons que vous sortiez le dimanche pour assister à une réunion qui s'enlise. Vous auriez une bonne excuse : « J'ai du mal à voir plus loin que le bout de mon nez aujourd'hui, je n'ai pas l'habitude de sortir le dimanche. Pas envie de me faire mettre en boîte, non plus, je suis assez grand pour y retourner tout seul. »

Vos collègues apprécieraient votre créativité : « Ça c'est quelqu'un qui sort de l'ordinaire, à défaut de sortir le dimanche. »

Sommes-nous tous des tiques ?

Pour résumer : il est impossible de vivre une vie sans inconvénients ni contrariétés. L'univers semble totalement indifférent à notre idée du bonheur et, à ses yeux, vous et moi ne sommes que des insectes insignifiants.

C'est mieux que rien, nous pourrions être des acariens, des tiques par exemple ! Je ne pense pas vraiment être une tique, mais les tiques non plus ne sont pas conscientes d'être des tiques. C'est peut-être là l'une des caractéristiques qui font que l'on est ou non une tique — cette inconscience.

« Tu n'es pas du tout une tique, me rassure Freud, grand spécialiste de l'inconscient. Le cerveau d'une tique mesure à peine un millimètre. Le tien n'est même pas aussi grand que ça. »

Cette remarque m'a profondément vexé et me fait penser au raisonnement irrationnel suivant.

CHAPITRE 3
EGO (CHEF)

RAISONNEMENT IRRATIONNEL :

Je dois toujours agir au mieux de mes performances et avoir l'assentiment des personnes importantes qui me côtoient (afin de me prouver ma valeur en tant qu'être humain).

EGO = IDENTITÉ = MOI, JE

Notre ego constitue notre identité. C'est ce que nous pensons de nous-mêmes et ce que nous voulons que les autres pensent de nous. Dans les phrases suivantes, c'est donc le « Je ».

Je viens juste d'avaler une assiette Bagatelle, la spécialité du chef.

Habituellement, je ne suis pas du genre à prendre l'assiette Bagatelle, j'aurais préféré une assiette de tagliatelles, mais mon chef m'en a dissuadé.

« Vous devriez prendre une assiette Bagatelle, la spécialité de la maison », m'a-t-il lancé. Moi, je ne suis pas du genre à manger la spécialité du chef juste parce que mon chef me le dit. Enfin, je ne crois pas. Mais, finalement, peut-être que je suis un peu comme ça. D'ailleurs, je n'aime pas Bagatelle. Pourtant, la bagatelle n'est-ce pas ce que nous utilisons le plus souvent pour protéger notre ego.

Dans ce chapitre, nous évoquerons quelques problèmes découlant de cette manie de vouloir toujours faire mieux pour impressionner les autres.

Nous verrons ensuite qu'il est très facile de confondre ce que nous sommes et notre valeur en tant qu'humain avec ce que sont nos performances.

◗ ANGOISSE N° 34 — QU'EST-CE QU'IL Y A ? JE SENS MAUVAIS ?

Personne n'aime sentir la transpiration. À ce propos, j'ai été surpris d'apprendre dans le *Wall Street Journal* que 40 % des hommes se parfument pour aller au bureau.

J'ai aussi lu un autre article dans *Fortune* au sujet d'une société très agressive vis-à-vis des candidats à un emploi. « Ils transpirent la faiblesse et l'incertitude », attestait un chasseur de têtes. Non seulement il faudrait s'inquiéter de ne pas sentir la transpiration, mais il faudrait, qui plus est, ne pas transpirer l'incertitude. Je vois d'ici un groupe de cadres tous plus supérieurs les uns que les autres et la description d'une réunion qu'en ferait ce magazine. Un employé, Henri, présente une nouvelle idée, mais personne ne semble écouter. Henri termine sa présentation — silence total. Au lieu d'en discuter, ses supérieurs se lèvent, encerclent Henri et se mettent à le renifler.

Au bout de quelques minutes, l'un d'eux s'exprime enfin : « Vous avez du flair, cette idée sent bon l'argent. Vous ne sentez pas trop mauvais non plus. »

Henri confirme qu'il est toujours très fier de son flair et de son odeur et assure que, quoi qu'il advienne, tout baigne pour lui.

La performance, y a que ça de vrai

Une société vous embauche toujours dans l'espoir que vous serez performant.

Elle vous éjecte, si vous ne l'êtes pas. Comme le disait un chef d'entreprise (à qui l'on demandait comment il motivait ses employés) : « C'est simple, je leur dis que s'ils font du bon boulot, ils peuvent revenir en deuxième semaine. »

Nous avons donc tout intérêt à être performants alors que, malheureusement, le mythe de la performance constante se heurte à la réalité de la Nature humaine. Personne ne peut être performant en permanence. Il y a même probablement une loi de la Nature contre la stabilité des performances. En tant qu'êtres humains, nous faisons des erreurs, nous racontons des âneries et agissons souvent comme de parfaits imbéciles.

Ça, c'est pour les bons jours. Les mauvais jours, nous faisons des erreurs, nous racontons des âneries et agissons souvent comme de parfaits imbéciles — pour finir par conclure qu'il y a vraiment quelque chose qui ne tourne pas rond chez nous.

◗ ANGOISSE N° 35 — Les erreurs du déjeuner

Comment clore un déjeuner d'affaires ? Mauvais : regarder sa montre. Cela semble impoli. Pas génial non plus, et également considéré comme impoli : vous rappelez-vous cette scène du *Parrain* dans laquelle Michael Corleone dîne dans un restaurant italien avec deux truands ? Avant que ceux-ci n'aient le temps de jeter un œil aux desserts, le Parrain sort son arme et les abat.

Bonne solution : tout en effleurant le bras de votre invité, excusez-vous pour aller aux toilettes, puis arrangez-vous avec le serveur afin qu'il vous apporte l'addition à votre retour.

C'était le dernier conseil de Nancy Tuckerman, secrétaire particulière de Jacqueline Kennedy, du temps où celle-ci était à la Maison-Blanche. Elle appartenait à un « personnel de maison » qui vivait à l'ère du bon goût et du style. C'était aussi l'époque de Khrouchtchev, connu entre autres pour se déchausser en public et taper de sa chaussure sur la table.

Il faisait cela pour appuyer ses discours, mais je pense que si vous retiriez votre mocassin pour l'imiter en conclusion d'un déjeuner, on vous trouverait un peu excentrique.

La plupart du temps, j'essaye tant bien que mal de respecter le protocole. Par exemple, récemment lors d'une réception, quelqu'un montrait ma salade grecque du doigt de telle sorte que son doigt trempait presque dans ma feta. Les gens n'ont aucun savoir-vivre !

Ou est-ce vraiment « tendance » que les gens mettent les doigts dans n'importe quelle assiette ?

Le besoin de reconnaissance

Si faire des erreurs nous met mal à l'aise, les faire en public nous met dans de beaux draps, comme le savent tous les sportifs. Gardien de but d'une équipe professionnelle décrivant son poste : « Connaissez-vous un autre métier où, lorsque vous faites une erreur, des milliers de personnes vous traitent de crétin ? »[10]

Pour la plupart d'entre nous, nous détestons être pris pour des imbéciles.

Ce que pensent les gens façonne l'opinion que nous avons de nous-mêmes. Bien que notre identité soit enracinée dans notre impression d'être différents des autres, elle se laisse facilement influencer par ces mêmes autres. Cette influence externe commence dès l'enfance, lorsque nous

[10] *The New Yorker*, 23 novembre 1992, portrait par Alec Wilkinson.

sommes à la merci des gens qui ont un pouvoir sur nous tels que nos parents, les instituteurs ou le prof de gym.

Une fois adulte, nous recherchons toujours l'approbation des personnes qui comptent à nos yeux. Même lorsque nous « avons réussi », nous restons en quête de cette acceptation de notre personne. Un PDG se plaignait, par exemple, auprès de moi de ne jamais avoir entendu les membres du conseil d'administration lui dire qu'il faisait du bon boulot alors que, depuis dix ans, ils avaient l'air contents de ce qu'il accomplissait. Mais, pas un seul mot de reconnaissance.

Quelques jours plus tard, je discutais avec les directeurs qui dépendaient de ce PDG. Eux aussi se plaignaient : « Il ne nous a jamais dit merci pour tout le travail qu'on abat. Jamais une seule fois. »

Il semble parfois si stupide d'attendre l'approbation des autres, pourtant nous en avons toujours besoin. Je me souviens d'un psychothérapeute me racontant que son travail consistait à convaincre les gens qu'ils allaient bien et de bien leur enfoncer ça dans le crâne pour que, à force, ils n'aient plus besoin d'attendre désespérément cette approbation de l'extérieur.

« La plupart de mes clients ne croient pourtant jamais vraiment qu'ils sont normaux, me disait-il. MAIS QU'EST-CE QU'ILS ONT, BON SANG ! »

ANGOISSE N° 36 — ESSAYER DE FAIRE BONNE IMPRESSION

Complainte du bon copain : je discutais avec un gars du marketing l'autre jour et lorsque j'ai dit mon nom, Richard Wagner, il m'a demandé si j'étais de la famille de Georges Wagner. J'ai répondu que non.

Il a insisté : « Georges était vraiment un type super. Nous étions ensemble à Harvard. »

Je commence à douter. Georges Wagner existe-t-il vraiment ou ce commercial voulait-il juste placer Harvard dans la conversation ? De toute façon, s'il ment au sujet de Georges, il y a des chances pour qu'il mente sur Harvard aussi.

À supposer que je sois de la famille de Georges. Et alors ? La plupart des gens ne peuvent pas sentir la moitié de leur famille. Vous n'allez pas me faire croire que Georges est adoré de tous les siens. Ils sont sûrement jaloux de lui parce qu'il a fait Harvard et qu'il en parle tout le temps. Moi qui ne le connais même pas, je le déteste déjà, ce Georges.

Qu'en pensez-vous ?

Placer Harvard si rapidement était une erreur. Ce type aurait dû être plus modeste au départ, plus condescendant même. Exemple : « Georges et moi, on se connaît depuis un bail. On partageait la même cellule en prison. »

Faire bonne impression sur un fantôme

Bref, nous préférons tous faire bonne impression sur tout le monde et c'est pour cela que nous passons de longs moments devant notre miroir chaque matin, à soigner notre apparence. Nous espérons ainsi qu'une fois au travail nous n'effraierons personne. « Nous voulons tous impressionner les autres, » admet David Maister, professeur à Harvard.

« Le plus dur est de repérer qui l'on veut impressionner et pourquoi. Impossible de faire bonne impression sur tout le monde en même temps. »

Certaines personnes essayent d'impressionner des fantômes du passé. Moi, par exemple, je tente encore d'épater mon père, qui n'est pas un fantôme (Dieu merci, il est vivant et en pleine forme). Ce n'est pas vraiment ce père qui habite maintenant en Floride, que je veux toucher. Non, c'est le père que j'avais quand j'étais petit garçon et qui habitait dans la maison où j'ai grandi. Il hante maintenant mon esprit.

Freud connaît bien ce père-là. Je crois qu'ils jouent au golf ensemble.

Mon père a fait une superbe carrière dans le bouton. Avant cela, il était dans les bombardiers pendant la Seconde Guerre mondiale. Ce n'est pas pour cela que je l'aime ; je l'aime parce qu'il est mon père et je sais qu'il m'aime parce que je suis son fils.

Malgré tout, j'essaye encore de lui en mettre plein la vue. Il devrait y avoir une loi pour limiter ce genre d'excès. Lorsque je lui raconte parfois mes récents exploits, j'ai l'impression d'être encore ce petit garçon lui amenant une série de boutons pour qu'il les inspecte.

— Qu'est-ce que tu en dis, papa ? Est-ce qu'ils sont bien ces boutons ?

— Pas mal, je les verrais bien sur un cardigan.

ANGOISSE N° 37 — Tenue décontractée

Rêve fréquent : journée détente aujourd'hui au bureau. J'ai décidé d'y aller en peignoir et en claquettes. Les réflexions fusent parmi les collègues : « Tu as vu comment elle est habillée. Détente d'accord, mais tout de même… »

Les entreprises sont moins à cheval qu'autrefois sur le code vestimentaire. Petit problème, pourtant : demander aux gens de s'habiller de manière plus décontractée rend les gens nerveux. Tout le monde veut avoir belle allure, mais comment savoir désormais quels vêtements choisir pour cela.

Un peignoir ? Je dirais non ! Une robe de chambre peut-être… Elle aurait du bon dans certaines situations, par exemple devant la chambre d'accusation d'une cour pénale.

De toute évidence, les juges ont besoin d'une robe pour dissimuler leur poigne de fer. Pourquoi pas un genre de robe de chambre en velours ras ? On pourrait y broder la balance de la justice sur la pochette. Si quelqu'un s'opposait au jugement, le juge n'aurait qu'à pointer ces « armoiries » pour faire comprendre qu'il représente la justice ; sa robe de chambre en velours ras ferait le reste.

Les bons points distribués par les enfants

À mesure que mes enfants grandissent, je remarque que j'essaie aussi de les impressionner. Quand j'annonce : « Je suis en train d'écrire un livre », ils me répondent : « Super, tu peux nous amener au centre commercial ? »

Arrête-t-on vraiment un jour de vouloir impressionner quelqu'un ? J'espère. Il faut bien que tout ce chemin parcouru depuis l'enfance serve à quelque chose… Aller toujours au même centre commercial, c'est lassant à la fin.

ANGOISSE N° 38 — J'ai gagné 90 000 points, et alors ?

Lorsque je pars en voyage d'affaires, je suis fidèle à une chaîne d'hôtels. Elle m'attribue des points de fidélité à chaque séjour et vous considère ensuite comme un « invité d'honneur » si vous séjournez dans ses établissements assez souvent.

J'adore que l'on m'accorde des bons points, mais surtout lorsque c'est pour des choses importantes, comme l'écriture et la lecture — pour que je puisse impressionner mon papa.

Par ailleurs, je me fais du souci pour les autres clients à qui on ne fait pas tant d'honneurs. Ça ne doit pas être facile pour eux d'avoir une chambre.

Réception : c'est bien la première fois que vous couchez dans cet hôtel ?

Client : oui, effectivement !

Réception : alors vous n'êtes qu'un invité de SECONDE CLASSE. Nous vous considérons comme un MOINS QUE RIEN. On n'a pas besoin de gens comme vous ici. Alors dégagez, SUR-LE-CHAMP. Si vous insistez vraiment pour rester, de toute façon, vous n'obtiendrez aucun point. PAS UN SEUL. Et n'espérez pas qu'on vous fournisse les serviettes de toilette...

Remarquez, je ne suis pas toujours non plus traité avec tous les honneurs dus à mon rang. Lors de mon dernier séjour, j'ai remarqué un panneau près du fer à repasser dans le placard de ma chambre : NE PAS PRENDRE CE FER ; NOUS VÉRIFIONS CHAQUE JOUR QU'IL EST TOUJOURS EN PLACE. S'IL VENAIT À MANQUER À NOTRE INVENTAIRE, NOUS SERIONS OBLIGÉS DE LE FACTURER À SON PRIX D'ACHAT.

Je me sens vexé. Je n'ai jamais eu la moindre intention de prendre ce fer à repasser, ni même de m'en servir. J'ai une peur obsessionnelle des fers à repasser.

La direction devrait étiqueter tous les objets de la chambre : « Cette serviette coûte TANT. Elle est toute effrangée, mais si vous l'emportez, nous vous enlèverons 200 000 points »... et je vais le dire à ta mère.

« Ce lit a coûté une fortune. Nous demanderons un prélèvement sur salaire pendant X années si vous l'emportez, et vous serez fouetté en public. »

« Inutile de convoiter la télévision, elle est boulonnée à la table, au cas où vous ou vos enfants voudriez la confondre avec une valise. »

Il y aura toujours quelqu'un pour faire meilleure impression que vous

Je travaille de temps à autre pour des dirigeants qui occupent des bureaux dernier cri, touchent de gros salaires et affichent des titres ronflants de président-de-ceci et vice-président-de-cela.

Il faut que je me sermonne pour ne pas me laisser trop impressionner par ces apparences. Nous connaissons tous des gens tellement « remarquables » de l'extérieur mais qui se sentent tellement malheureux à l'intérieur.

L'argent, le statut social et le pouvoir ne sont que les leurres de la réussite, pas la réussite en elle-même.

◗ ANGOISSE N° 39 — Quelqu'un gagne toujours plus d'argent que moi

Difficile de l'avouer, mais j'aimerais bien, parfois, que tout le monde gagne juste autant que moi, voire un petit peu moins.

Parler de ses revenus est difficile car nous confondons argent et valeur personnelle, comme lorsque nous disons de quelqu'un « ce type vaut une fortune ». Évidemment, c'est toujours mieux que d'être fauché dans la fleur de l'âge, ce qui indiquerait que quelque chose va mal pour vous.

Certains se plaignent de leur salaire : « Des cacahuètes, râlent-ils, j'ai l'impression d'être un singe. » Jimmy Carter, autrefois président des États-Unis, était un habitué des cacahuètes ! Normal, il habitait sur une plantation. Pourtant, on ne l'a jamais entendu s'en plaindre.

« Si je me présente aux présidentielles, aurait-il pu proclamer, c'est surtout pour l'argent. Parce que, pour le moment, je bosse pour des cacahuètes. » Je ne sais jamais combien gagnent les autres, mais j'imagine toujours qu'ils touchent bien plus que moi, et ça me gêne. C'est pour cela que j'admire mon comptable. Il sait exactement ce que gagnent les gens et ça ne le perturbe pas. J'imagine qu'il s'en met plein les poches.

QU'EST-CE QUI IMPRESSIONNE VRAIMENT LES GENS ?

À votre naissance, tout le monde était très impressionné. Malheureusement, c'est sûrement la meilleure impression que vous pourrez jamais faire sur ceux qui vous entourent, ce qui est d'ailleurs bizarre puisque les nouveau-nés ne savent rien faire. Ils n'ont même pas un bon CV. C'est sans doute pour ça qu'on les aime tant.

Dommage que ce ne soit pas comme ça toute la vie.

Le recruteur : « Parlez-moi un peu de vous ! » Le candidat : « Gazouillis incohérents. » Le recruteur : « Adorable, je vous donne le poste. »

ANGOISSE N° 40 — PREMIÈRES IMPRESSIONS

Nous sommes toujours impressionnés par nos premières impressions et nous avons tendance à rapidement tailler un costume à ceux qui ne nous plaisent pas.

La plupart des recruteurs forgent leur opinion sur quelqu'un dans les 30 premières secondes, moins de temps qu'il n'en faut à un vrai tailleur pour prendre vos mesures.

À peine le temps d'une bonne poignée de main mais, heureusement, la poignée de main n'est pas notre méthode principale pour évaluer un inconnu. Apparemment, on apprend beaucoup des gens rien qu'en leur serrant la main. Par exemple, s'ils sont tendus, confiants, menottés...

Jamais assez

Un jour ou l'autre, il faut bien quitter son berceau et faire quelque chose. Mais quoi que nous fassions, ce n'est jamais assez. Vous rappelez-vous cette publicité à la télé : « Maman, je n'ai rien aux dents » ?

Toute la famille était en extase !!! Comme s'ils avaient gagné au loto ! Ces gens devaient vivre l'enfer auparavant. Ils auraient tué père et mère pour avoir de bonnes nouvelles de la dentition de leur bambin. Aujourd'hui, tout va bien. Mais, dans la vraie vie, le lendemain matin, rien n'aurait changé.

Rien aux dents, c'était hier. Ce matin, bonne nouvelle : il faut de nouveau se brosser les dents.

Changeons de sujet : votre société vous a élu Employé du mois. Super !!! Mais, encore une fois, cette élection est de courte durée. Que serez-vous le mois prochain ?

Bien entendu, cette impression de n'en avoir « jamais assez » a été bénéfique à toute l'humanité sinon nous aurions inventé un ou deux trucs — comme la roue, le feu — puis contents de nous, nous aurions gaspillé les siècles suivants assis au coin du feu à constater que la roue tourne.

Ce « jamais assez » fait jaillir l'étincelle depuis la nuit des temps.[11] Le problème réside dans cette notion, qui peut se révéler très stressante pour vous et moi.

[11] Observation faite par Dennis Prager lors d'une conférence (et reprise dans son livre : *Happiness is a serious problem*).

ANGOISSE N° 41 — JAMAIS ASSEZ ET TOUJOURS PLUS

De nombreuses sociétés affichent de façon bien visible à la réception leur « ordre de mission », qui exhorte souvent les employés à « dépasser l'attente des clients ».

Rassurant, mais je ne leur en voudrais pas si, occasionnellement, elles affichaient d'autres prétentions : « NOUS N'AVONS AUCUNE IDÉE DE CE QU'ATTENDENT NOS CLIENTS ET, TRÈS FRANCHEMENT, NOUS NE VOULONS PAS LE SAVOIR. »

En tant que client, je serais déjà content que l'on satisfasse simplement mes attentes. Pourquoi les dépasser ? Qu'est-ce qu'elles ont de mal, mes attentes ? Trop médiocres peut-être ?

« Vous, espèce de client débile, un rien vous comble. Nous, nous avons nos standards. Ça ne peut pas coller. » Travailler pour une société qui veut toujours dépasser les attentes doit être très contraignant. Quoi que vous fassiez, ce n'est jamais assez : « Je crains de ne devoir me séparer de vous. Bien que vous ayez satisfait toutes mes attentes, vous ne les avez pas dépassées. Or, c'est cela que j'attendais vraiment de vous. »

PRIS AU PIÈGE

Pourquoi avons-nous besoin de nous mettre en avant pour conforter notre personnalité, notre identité ? Probablement parce que notre identité se sent parfois rabougrie et insignifiante... comme si nous étions encore un petit enfant. Nous espérons que nos exploits auront l'avantage de nous donner l'impression d'être plus grand, plus important, alors que le fait même de vouloir prouver notre valeur nous rabaisse (comme si nous n'en avions aucune tant qu'elle n'est pas prouvée).

C'est là tout le dilemme : s'il vous faut faire quelque chose de précis avant de vous percevoir comme un être humain digne de ce nom, vous êtes piégé.

Quoi que vous fassiez, vous aurez à faire autre chose ensuite pour continuer à vous prouver qui vous êtes. Vous vous demandez anxieusement si vous serez à la hauteur la prochaine fois et, sans vous en rendre compte, vous serez démasqué et montré du doigt.

— De quoi m'accuse-t-on ?

— Usurpation d'identité. Vous vous faites passer pour un adulte.

◗ ANGOISSE N° 42 — SE FAIRE PASSER POUR UN GOLFEUR

Qui saurait dire ce qui compte vraiment pour prendre de l'avancement : votre intuition, votre bon sens ou votre club de golf ? Aussi bizarre que cela paraisse, ne sous-estimez jamais l'importance de l'intuition, ni celle du golf.

D'après le *New York Times*, des données indiquent que les bons golfeurs font de bons PDG. Nul ne sait pourquoi. C'est sûrement en raison des réseaux qu'ils tissent sur les greens. Beaucoup de gens jouent au golf, mais pas forcément pour le plaisir.

Ou serait-ce grâce à leur capacité à continuer de jouer dans l'adversité : que la balle ne veuille pas aller dans le trou ou que l'entreprise n'arrive pas à combler son trou.

Je ne joue pas au golf, sauf au mini-golf où je ne suis d'ailleurs pas mauvais. Cela me permet de rêver que je deviendrai un jour chef d'entreprise, d'une mini-entreprise.

Qui sait ce que diront les statistiques demain ? Les meilleurs PDG sont des sumos. Amusant comme information, mais peu rassurant, surtout si vous approchez d'un séminaire annuel.

Cette année, pendant le séminaire, la tenue de rigueur sera le costume « sumo », version décontractée. Chaussures facultatives, comme à peu près tous les vêtements, à l'exception du port obligatoire de la ceinture — type pagne, avec des franges.

Voué à la réussite

Il nous faudrait une nouvelle catégorie au tableau d'honneur : « élève voué à la réussite, mais ressentant toujours un vide à l'intérieur ».

ANGOISSE N° 43 — Réussir

L'autre jour, je tombe sur mon vieil ami Ralph, qui a été licencié voici quelques mois. Je m'apprêtais à compatir, mais il venait juste d'accepter une offre d'emploi fantastique à l'autre bout du pays.

— Je croyais que tu détestais cette région, ai-je avancé.

— Je serai premier vice-président, a-t-il répondu, avant de parler d'un cheval que sa femme et lui allaient acheter pour leur fille, histoire de lui faire accepter le déménagement.

— Super, ai-je félicité en espérant que ma voix sonnerait enthousiaste.

J'en ai ensuite parlé à ma femme.

— Ils achètent un cheval ! Il doit se faire un bon paquet.

— Arrête de te comparer aux autres. Tu aurais aussi bien fait de te comparer au cheval.

J'avoue avoir des problèmes de ce côté-là. Je me souviens toujours d'un camarade de classe qui était tout désigné comme condamné à réussir. Dans quoi ? On n'a jamais bien su, mais tout le monde pariait sur son avenir.

J'imagine la suite pour moi au paradis.

— Beau boulot, acquiesceraient les anges comme lors d'un tout dernier entretien d'évaluation. Votre vie est une réussite.

— Ce n'est rien, répondrais-je avec fausse modestie. Ralph est là aussi ?

Pourquoi ressentons-nous un vide intérieur ?

Il y a une bonne raison à cela : nous sommes vides à l'intérieur. Pas d'accord ? Qui pensez-vous qu'il y ait là-dedans ? Parfois, je crois qu'il y a un petit homme, un petit chef. Il est très occupé avec ses plannings, son organisation interne, ses ordres à donner.

J'aime bien m'imaginer qu'il a un titre ronflant.

ANGOISSE N° 44 — Déshydratation

Tout le monde semble boire de plus en plus d'eau. Aux réunions, les gens apportent d'énormes bouteilles d'eau et je m'étonne qu'ils ne débarquent pas avec un cubitainer.

J'aime bien l'eau, mais ces bouteilles imposantes me mettent mal à l'aise. Ces gens savent-ils quelque chose que j'ignore ? Peut-être s'engage-t-on dans une réunion plus longue que prévue, une réunion où, si les débats avancent lentement, nous serons délocalisés dans un désert lointain. Tu es censé boire au moins un litre par jour, me conseillait un ami bien informé. Depuis, je bois beaucoup plus d'eau.

Je me pose cependant toujours des questions sur ces bouteilles. Les conseils nutritionnels changent constamment. On nous dira ensuite qu'il faut boire un litre par heure. COMBIEN DE LITRES UNE PERSONNE PEUT-ELLE INGURGITER ?

Je me sens vide, tu me sembles si solide

D'autres personnes ont l'air plus stables et solides de l'extérieur qu'elles ne le sont à l'intérieur. Lorsque nous regardons les autres, nous voyons une présence physique, du concret, du matériel en quelque sorte. Leur corps n'est pas forcément en grande forme mais, au moins, il a une forme. Notre présence physique est également concrète, mais nous savons que nous sommes plus qu'un corps.

Pourtant, qui sommes-nous à l'intérieur ? Cette présence interne semble si insaisissable, intangible ; elle manque de stabilité, de solide, de ce concret que nos semblables projettent vers l'extérieur. Une foule de gens semblent si stables et si concrets — aussi solides que des tables ou des chaises.

Or, ils ne le sont pas plus que nous ne le sommes, pas plus que ne le sont des tables ou des chaises, du point de vue de la physique quantique.

ANGOISSE N° 45 — Tout le monde a un travail stable, sauf moi

Toyota s'est récemment donné un nouveau directeur général. Dès que je lis un article à ce sujet, je rêve que cela aurait pu être moi. J'aime à penser que nous sommes tous capables de faire plus que ce que nous n'aurions jamais imaginé. D'après le *Wall Street Journal*, ce directeur est le premier à ne pas être de la famille Toyota. Intéressant, je n'appartiens pas non plus à cette famille.

Ce nouvel élu est aussi très économe. Il éteint les lumières lorsqu'il sort déjeuner et envoie des circulaires à ses employés sur le bon usage du papier toilette. (S'il ne faut que ça pour accéder à ce poste, c'est dans mes cordes !)

J'aimerais demander à Toyota pourquoi la direction n'a pas pensé à moi. « Voyons, vous n'êtes pas Japonais, vous n'avez aucune expérience dans l'automobile et, franchement, vous conduisez plutôt mal ! »

Toujours des faux prétextes.[12]

Des tables et des chaises

Du point de vue de la physique quantique, les tables et les chaises ne sont qu'une illusion — l'illusion de la solidité.

Pour reprendre l'idée de deux professeurs de l'université de Stanford, Michael Ray et Rochelle Myers, auteur d'un livre intitulé *Creativity in Business,* disons que nos corps, à l'instar des atomes, sont presque entièrement faits d'espace vide, un espace tellement vide que si toute la matière solide d'un corps humain était amassée, le tas qu'elle formerait ne serait pas plus gros qu'un petit pois. Ces tables et ces chaises ont peut-être l'air solides vues de l'extérieur, mais elles ne sont en fait rien de plus qu'un amas d'atomes secoués de vibrations et incapables de rester tranquilles deux secondes.

Cela expliquerait pourquoi, chaque fois que je m'assois pour manger, j'en mets partout.

◗ ANGOISSE N° 46 — Les pourboires

Quel pourboire laisser ? Je m'interroge toujours. Pour compliquer mon affaire, une étude menée par Bruce Rind, de l'université de Temple, et retranscrite dans le *Wall Street Journal*, suggère que les clients laissent un pourboire plus conséquent lorsque le soleil brille. Environ 15 % de plus, je crois. Je n'avais jamais pensé à la météo. L'enquête a été menée dans un hôtel-casino d'Atlantic City, le Las Vegas du New Jersey. Certains clients, ignorant le temps

[12] Le directeur général a ensuite accédé aussi aux fonctions de Président du conseil d'administration. Une fois encore, ma candidature n'a même pas été prise en compte.

qu'il faisait en raison du verre fortement fumé des fenêtres, donnaient plus d'argent lorsqu'on leur disait qu'il faisait beau dehors, même si cela était faux.

Le client : Quel temps fait-il dehors ? Ces vitres sont tellement sombres.

Le serveur (menteur !) : Un temps magnifique, vraiment l'idéal pour laisser un bon pourboire. Heu… je veux dire pour boire, que diriez-vous d'un petit déjeuner avec un vrai jus d'orange ?

Le client : Dans ce cas, je préfère sauter le petit déj' et aller piquer une tête dans la piscine.

Le serveur : Je vous le déconseillerais. Le soleil est déjà très fort, vous seriez aveuglé et complètement désorienté, à tel point que vous croiriez qu'il fait nuit et qu'il neige.

Le client : Dans ce cas, je préfère passer la journée à manger et à boire, et à vous laisser des pourboires conséquents. Que me proposiez-vous pour commencer ?

Le serveur : Que diriez-vous d'un bon chocolat chaud et du jus d'orange ?

À LA RECHERCHE DES ESPRITS PERDUS

Donc, nous ne serions véritablement qu'un grand espace vide ? D'après les théories scientifiques actuelles, ainsi que certaines écoles philosophiques et mystiques : oui — ce qui ne veut pas dire que tout ceci soit vrai. Personnellement, je n'en crois pas un mot. Si nous étions tous de l'espace vide, pourquoi serait-il si difficile de se garer en centre-ville ? En revanche, il est vrai qu'il n'est pas difficile de sombrer dans le vide. Essayez, par exemple, de fermer vos yeux quelques secondes et de localiser votre esprit. Où se trouve-t-il exactement ?

— Quelle importance, il est quelque part à l'intérieur de ma tête, ça me suffit !

Oui, mais où ?

◗ ANGOISSE N° 47 — JE NE RETROUVE PLUS RIEN

Dernièrement, j'ai dû déménager mon bureau et mon domicile. Le premier se trouvait dans le second et, lorsque nous avons vendu la maison, j'ai eu la nette impression que les nouveaux propriétaires n'avaient pas l'intention que je fasse partie du lot vendu, bien que l'agence immobilière ait explicitement indiqué que ma villa était mon bureau.

Dès qu'il s'agit de déménager, je suis complètement désorganisé. Je suis de toute façon quelqu'un de désorganisé, mais sans que cela ne soit lié à aucun motif précis. Finalement, le fait de savoir que c'est à cause du déménagement est déjà une amélioration.

Déménager, c'est comme être enlevé par des extraterrestres. Théorie : les personnes prétendant avoir été kidnappées par des E.T. viennent simplement de vivre un déménagement traumatisant. L'histoire de l'enlèvement par des aliens n'est qu'une façon d'expliquer ce traumatisme.

« J'étais dans mon séjour et je vaquais à mes occupations, lorsque ces créatures avec d'énormes biceps ont investi la maison et ont emporté tous les meubles !!! »

Le pire avec les déménagements, c'est qu'il faut en permanence deviner où sont passées les choses. Il n'y a pas que vous qui vous déplaciez dans cette histoire, les objets aussi s'y mettent.

D'un autre côté, mes dossiers se déplacent également tout seuls, tout le temps. Mes papiers sont sans arrêt en train de s'envoler dans mon bureau. J'avais, par exemple, pris des notes importantes sur un bloc jaune. Disparues. Où sont-elles ? Qui les a prises ?

Mon je et mon moi

Difficile de localiser son esprit pour la bonne raison qu'il ne s'agit pas d'un élément matériel ; l'esprit n'a pas de taille, pas de forme, ne pèse rien du tout (ça, c'est plutôt bien parce que ça évite d'avoir à lui acheter des sous-vêtements spéciaux).

L'intangibilité de l'esprit ne nous inquiète pas plus que ça d'ordinaire, car lorsque nous pensons à nous-mêmes, c'est en des termes simples.

Je suis moi – tout simplement. Le même moi qu'hier ou l'an dernier, voire qu'il y a dix ans, maintenant que j'y pense. Ce que j'ai toujours été en quelque sorte probablement depuis la première fois que j'ai compris qui j'étais.

Pourtant, ce Je ou ce Moi devient parfois intangible. Alan Watts, philosophe, suspectait ce Je, grammaticalement parlant, de ressembler plus à un verbe qu'à un pronom.

Bien que je semble être une seule et même entité stable et durable d'un jour sur l'autre, vivant dans un monde rempli d'objets stables et durables, je suis tout sauf stable. Commentaire de Freud : « Tu peux me redire ça. »

Comment puis-je être le même que l'an dernier ou qu'il y a une heure alors que tout à l'intérieur de moi — mes pensées, ma mémoire, mes émotions, mes sensations, mes relations, mon expérience, et même les cellules de mon corps — change sans cesse ?

Épuisant d'être un verbe !

ANGOISSE N° 48 — Ne suis-je rien de plus que mon CV ?

En moyenne, un cadre passe tout au plus deux minutes à lire chaque candidature. Déprimant ! Car il faut certainement plus de deux minutes pour rédiger un bon curriculum vitae ou pour le mettre simplement à jour. Or, il faut le mettre à jour constamment puisque vous n'arrêtez pas d'évoluer.

Que se passera-t-il si le lecteur saute un mot ou une sous-rubrique essentiels dans ce CV si soigneusement composé ? « Soigneusement » n'est probablement pas le bon terme, il vaudrait mieux dire péniblement ou douloureusement. Ou peut-être amoureusement. Vous voyez ce que je veux dire ? Ce travail de composition pourrait durer l'éternité. Il vaudrait peut-être mieux dire simplement « ce CV » sans préciser comment il a été réalisé (laborieusement ? indéfiniment ?) — surtout si le recruteur ne prend pas plus de deux minutes pour vraiment le « lire ». Un article sérieux disait précisément qu'il « passait deux minutes dessus ». « Dessus », cela pourrait être l'une de ces phrases savamment composées pour masquer une méthode de recrutement peu orthodoxe. Le recruteur pourrait, par exemple, s'asseoir effectivement sur les dossiers.

La semaine dernière, j'ai dû passer en revue une trentaine de curriculums. J'avais tout planifié : cela m'a pris 90 minutes, 50 % de plus que la moyenne des recruteurs.

Il est vrai que j'avais choisi une méthode classique : je prenais soin de lire réellement les courriers et j'étais un peu agité, je me levais souvent de ma chaise. La prochaine fois, vous savez ce que j'en ferai de ces CV, je m'assiérai dessus.

Qui pense mes pensées ?

Eh, oui… Ça se discute ! Même si mes pensées ne cessent de changer, n'est-ce pas moi le penseur (immuable) de ces idées ?

J'ai bien l'impression que c'est moi qui pense mes pensées, mais si c'est vrai, je devrais pouvoir arrêter de penser.[13] Je devrais être capable de ne plus avoir aucune pensée, quelle qu'elle soit, pendant autant de temps que je veux.

Or, je ne peux pas m'arrêter de penser, pas même à propos des éléphants alors que je n'ai pas envie de penser aux éléphants. Alors, si ce n'est pas moi qui pense ces pensées-là, peut-être est-ce le contraire : ce sont mes pensées qui me pensent.

Qui je suis n'est peut-être rien d'autre que l'ensemble de mes réflexions sur la question « qui suis-je ? » Bref, c'est une histoire en constante évolution ayant pour thème principal : *moi*.

Pour le moment, je suis un homme marié, père de deux enfants, vivant aux États-Unis, travaillant en tant que consultant et je suis en train d'écrire ce livre… C'est mon histoire, et j'entends bien m'y tenir, du moins pendant les cinq prochaines minutes.

ANGOISSE N° 49 — PENSÉES AUTOMATIQUES

L'autre jour, mon ordinateur affichait le message suivant : « Erreur n° 28 : abandon de l'application 'unknown'. »

Ce genre de communiqué me déprime pour plusieurs raisons, outre le fait qu'il soit totalement inintelligible.

Ce message sonnait comme un appel au secours. « Tout s'écroule, semblait dire mon PC, les erreurs s'amoncellent et le moral est presque à zéro. »

Ensuite, il y a cet 'unknown', un inconnu qui abandonne tout, de manière si inattendue. Apparemment, nous ne savions rien de lui qui aurait pu nous préparer à son forfait. Nous aurions aimé être informés au moins deux semaines à l'avance.

[13] Observation de Werner Erhard, fondateur de l'Est Forum.

Pourquoi une décision si soudaine ? Je ne peux que supposer qu'il s'agit d'un ras-le-bol général. L'erreur n° 28 n'est que le déclencheur. « Jusqu'à la 27e erreur, je n'ai rien dit mais, là, je ne tiens plus. » Telle aurait pu être la déclaration de 'unknown' lors de son entretien de départ (s'il n'était pas parti si vite).

Les conditions de travail étaient probablement si impersonnelles que 'unknown' avait l'impression de ne pas être (re)connu à sa juste valeur.

Quoi qu'il en soit, ce qui se passe à l'intérieur de mon ordinateur n'augure rien de bon.

J'ai l'ego bancal

Pour résumer, la croyance selon laquelle il faudrait toujours être au top de ses performances et avoir l'approbation de personnes signifiantes comporte quelques problèmes.

Premièrement, je ne peux pas être tout le temps le champion toutes catégories ; c'est humainement impossible. Je ne peux pas toujours en mettre plein la vue aux personnes importantes à mes yeux car elles sont trop nombreuses même si certaines d'entre elles n'existent plus physiquement.

Vient ensuite la question générale de savoir si ce 'MOI', tel que je me le pense d'ordinaire, existe vraiment ou si ce désir de toujours bien faire est juste un subterfuge pour étayer tant bien que mal une personnalité un peu bancale, y compris ces pensées qui me pensent, cet esprit si difficile à localiser dans cet espace vide qu'est mon corps.

Commentaires de Freud : « Je suis d'accord avec ces idées, tant qu'elles ne concernent que toi. Aucun doute : il est difficile de localiser ton esprit et ta tête est incontestablement pleine de vide. »

ANGOISSE N° 50 — SUIS-JE SPÉCIAL ?

Suis-je spécial ? J'aime à le penser, mais j'ai peu de preuves pour m'en convaincre. Prenons mardi dernier, par exemple.

J'étais en voyage d'affaires. Mon client avait prévu qu'une limousine passe me prendre à l'aéroport — une limousine ordinaire, mais une limousine… ! Du coup, j'avais l'impression d'être un être exceptionnel. J'adore être attendu à l'aéroport, même par un total inconnu. Tout ce monde, pancartes à la main affichant des noms… Comme si ces gens faisaient campagne pour que vous remportiez des élections.

Cependant, au bout de ce voyage, une fois les bagages récupérés, personne ne m'attendait parmi la demi-douzaine de chauffeurs manifestant, pancartes à la main, pour d'autres passagers. Si nous avions été en pleine élection, mon voisin, Paul Halle, aurait gagné haut la main. Le panneau portant son nom était le plus gros et le plus audacieux. C'est sûr, Paul Halle est sur la bonne voie. Il peut déjà quitter l'aéroport.

Pendant que j'attendais, un habituel débat interne s'animait en moi entre mon côté raisonnable (« Je suis certain que le chauffeur sera là dans une minute ! ») et mon côté démentiel (« MAIS QU'EST-CE QU'IL FOUT ?! »).

Finalement, mon chauffeur est arrivé avec une petite pancarte pathétique, sans aucune mention de mon nom, juste celui du client. J'étais bien content que Paul Halle soit déjà parti.

Chapitre 4
La foule (CHEF)

Raisonnement irrationnel :
Les autres devraient toujours être gentils avec moi.

Les gens que l'on rencontre au travail sont parfois courtois, serviables et dignes de notre confiance. Parfois… ! Mais, parfois, ils ne le sont pas. Il vaut presque mieux partir du principe que tout le monde vous en veut, car vous seriez au moins heureux et reconnaissant au moindre geste envers vous, comme éviter de vous écraser avec un énorme 4x4 sur le parking de l'entreprise.

Jean-Paul Sartre avait bien compris le problème : « L'enfer, c'est les autres. » Il y allait sans doute un peu fort et je l'imagine bien déclinant poliment une invitation pour un réveillon de Nouvel An. « Merci pour votre invitation. Malheureusement, je ne pourrai me rendre à ce réveillon suite à un mélange d'angoisses et de nausées. En regardant la liste de vos invités, je ressens la même oppression que si j'étais coincé pendant des heures dans un ascenseur bondé, avec le seul souhait qu'il chute enfin au sol pour qu'on en finisse. Il y a sûrement pire que d'être coincé dans un ascenseur : assister à votre réveillon, par exemple. Je resterai donc probablement chez moi, à moins que je ne parvienne à rentrer dans un trou de souris pour m'y anéantir en paix.

J'espère que mes excuses ne vous sembleront pas trop légères. Veuillez accepter mes plus sincères sentiments de désarroi. Bonne Année !!! »

◗ ANGOISSE N° 51 — LE CHEF N'EST PAS GENTIL

Je lisais l'autre jour un article sur un PDG qui terrorisait ses employés. Apparemment, il leur criait sans cesse dessus. « C'est son ton de voix ordinaire », l'excusait un de ses cadres.

Étonnant le nombre d'incivilités que nous sommes capables de supporter. Se faire crier dessus, ce n'est pas si mal après tout, ça pourrait être pire.

À certaines réunions, lorsque l'ambiance s'échauffait, Charly[14] nous jetait des objets à la figure, une cafetière par exemple, mais c'était juste sa façon de nous calmer. D'ailleurs je suis pratiquement certain que c'était du décaféiné.

Ces dirigeants motivent leurs salariés par la crainte. La peur permet effectivement d'obtenir des résultats, du moins sur le court terme… ce qui incite les petits chefs à continuer de terroriser leur petit monde.

Lorsqu'il menait les entretiens d'évaluation, Charly sortait de temps à autre un flingue et tirait en l'air en levant les yeux au ciel, juste pour marquer sa déception – un peu comme s'il disait : il faut viser plus haut.

Lorsque vous travaillez pour quelqu'un comme ça, demandez-vous si votre travail vaut bien la peine de supporter de tels abus de pouvoir.

[14] Charly est un personnage de fiction qui n'a jamais existé. Toute ressemblance avec des faits existants ne serait que pure invention.

Au dernier jour de votre contrat, il vous serrerait la main et, avec un sourire à peine esquissé et d'un rapide mouvement de rotation, il vous ferait une prise de judo qui vous enverrait directement valser par la fenêtre du bureau. « Adieu, j'espère que vous retomberez sur vos pattes. »

LE CHOC DE LA RÉALITÉ : TRAVAILLER AVEC UNE FOULE D'INCONNUS

Nous dépensons beaucoup de temps et d'énergie à lutter contre les gens que nous fréquentons au travail, qu'il s'agisse de nos chefs, de nos collègues, des subordonnés ou, Dieu nous protège, des employés d'un autre service.

Particulièrement pour des jeunes en début de carrière, ces luttes sont une désagréable surprise.

Les nouveaux cadres étudiés par Ed Schein, professeur du Massachusetts Institute of Technology, dans son livre *Career Dynamics* sont comme confrontés au « choc de la réalité » lorsqu'ils découvrent que leurs collègues d'entreprise peuvent être de véritables obstacles et semblent illogiques, irrationnels, fainéants, improductifs ou non motivés.

Ils répondent souvent à ce choc par une tactique de contournement. Plutôt que d'apprendre à gérer les relations avec ces confrères, ils veulent les éviter. Ils souhaitent simplement les voir disparaître. Drôle de stratégie pour bâtir des relations humaines ! Pour l'instant, elle n'obtient certes pas le soutien des spécialistes en ressources humaines. La plupart de ces spécialistes suggéreraient probablement de tenter quelque chose de plus traditionnel, comme la création d'un réseau, la négociation ou les rites vaudou.

ANGOISSE N° 52 — LES RÉSEAUX DE RELATIONS

Rêve d'un ami : je prends un café avec une connaissance qui insiste pour se faire des relations. Il veut des noms. Je crois tout à coup me retrouver en pleine chasse aux sorcières, sauf qu'il veut des noms de personnes influentes dans la finance.

— Quels noms tu peux me donner ?

La pression est énorme.

— Faut-il qu'ils soient communistes ?

— Non, pas obligatoirement.

Je ne vois personne à dénoncer. Enfin, je donne le nom de ma grand-mère.

— Elle est dans la finance ? Ou a-t-elle été dans la finance à un moment de sa vie ?

— Pas que je sache, non. Mais elle a eu un très bon carnet de caisse d'épargne à un moment de sa vie.

Aux yeux des spécialistes en gestion de carrière, tisser un réseau de relations est crucial. Selon eux, nous devrions sans cesse chercher à élargir notre réseau. Nous n'en faisons jamais assez pour entretenir celui-ci car nous devrions inclure dans nos relations toute personne présente à un mariage, jouant au tennis, se faisant agresser comme nous. L'important est de se faire des relations quelles que soient les personnes avec qui vous liez connaissance.

On ne peut jamais savoir qui connaît qui, qui sait quoi et quels sont les liens entre tous ces gens et toutes ces informations qu'il est utile de connaître.

Pour quoi faut-il se faire des relations ? Pour tout et rien, puisque toutes les informations, comme toutes les personnes sont interconnectées. Plus vous obtenez d'informations, plus vous prenez de valeur et plus les gens voudront vous compter parmi leurs relations. Vous pourriez apprendre, à tout moment, quelque chose d'intéressant sur votre emploi actuel ou sur le prochain. Intéressant, car vous devriez déjà penser à votre prochain poste puisque vous n'arrivez déjà plus à écouler votre travail en cours tant vous êtes occupé à entretenir vos bonnes relations.

POURQUOI LES AUTRES NOUS SEMBLENT-ILS SI LOUFOQUES ?

Supposons que vous vous entendiez généralement bien avec les autres mais que, de temps en temps, quelqu'un au travail vous rende malade. Qu'est-ce qui vous semble si bizarre, si irrationnel dans cette foule d'autres gens ?

Ce chapitre nous permettra d'explorer trois éventualités.

1) Ils vous semblent (étrangement) familiers.

L'autre en question n'est peut-être pas irrationnel, mais il a l'inconvénient de vous rappeler quelqu'un de votre passé, comme la Tante Lucille, votre prof de gym en sixième, le sergent qui vous encadrait à l'armée (qui lui-même vous rappelait à la fois votre tante et le prof de gym), votre frère ou le hamster que votre frère affectionnait.

L'esprit fonctionne par associations : votre voisin de bureau ne ressemble peut-être pas comme deux gouttes deux à ce hamster, mais quelque chose dans sa démarche ou son visage déclenche en vous un ensemble de connexions et, sans savoir pourquoi, vous vous sentez nerveux en sa présence.

2) Ils vous semblent (familièrement) étranges.

L'autre en question n'est peut-être pas irrationnel, mais juste différent. Ce n'est pas comme si vous travailliez avec des extraterrestres (qui seraient étranges et peu familiers). La plupart de ces différences tiennent à des lieux communs et l'on peut très bien apprendre à vivre avec. Les autres prennent leurs décisions différemment, ils parlent différemment, définissent leurs priorités différemment. Certes, quelques divergences nous mettent mal à l'aise. Certaines personnes, par exemple, ont des idées à l'opposé des vôtres sur la façon de s'habiller, sur le port légal de bijoux notamment dans des régions du corps que vous trouveriez inconvenant de faire percer s'il le fallait. Mais de là à dire que ces gens se comportent de manière irrationnelle, étrange, loufoque !?

Ils ont peut-être des habitudes de vie et d'hygiène différentes et pensent, notamment, que le meilleur moment pour se curer les dents ou se limer les ongles est « lorsqu'on est au bureau », « n'importe quand » ou « non, je préfère attendre que l'on soit en réunion hebdomadaire ». Ils n'en sont pas pour autant dépourvus de raison (bien que l'on n'en soit pas loin).

3) Ils sont tout simplement étranges.

Enfin, Untel a peut-être réellement un comportement déraisonné, étrange et loufoque. Il ne faut jamais vraiment exclure cette éventualité.

Études maintenant ces trois cas de plus près.

ANGOISSE N° 53 — LES ÉTRANGERS

Souvent, nous nous méfions des étrangers. Étranger… un mot peu rassurant. Un étranger est potentiellement étrange, voire plus étrange que d'autres personnes de notre cercle de connaissances.

C'est pourquoi, lorsque nous rencontrons quelqu'un de nouveau, disons Sylvia, nous faisons en sorte de nous la rendre plus familière afin de prouver, le plus rapidement possible, qu'aucun de nous deux n'est un étrange étranger pour l'autre.

On peut ainsi apprendre que Sylvia est née dans la ville où a grandi votre cousine Hélène.

En un rien de temps, vous demandez à Sylvia si elle connaît votre cousine. Vous réalisez que cette ville compte plus de 300 000 habitants… et qui sait combien d'Hélène ?

Supposons que Sylvia connaisse effectivement Hélène ? Cette possibilité vous enivre de joie bien que vous ayez perdu tout contact avec votre cousine depuis des années. Combien déjà ? Voyons, la dernière fois que vous l'avez vue, elle venait d'avoir son diplôme et nous l'aurions tous déclarée (là, c'est sûr, ce détail va faire plaisir à Sylvia) « meilleur espoir en vue d'un poste dans la prison la plus proche pour crime contre l'université ».

Ha, ha, ha ! Cette Hélène, quelle personnalité ! Assez détestable d'ailleurs, ce qui explique que vous l'ayez fuie ces vingt dernières années. En vérité, vous ne l'avez jamais appréciée, mais ce n'est pas des choses à avouer à Sylvia… elle pourrait se vexer.

À moins que Sylvia ne déteste Hélène. Cela vous rapprocherait, vous auriez quelque chose en commun.

Première éventualité : les autres vous semblent étrangement familiers

Lorsque quelqu'un vous énerve au travail, posez-vous cette question : « À qui cette personne me fait-elle penser ? » Imaginez votre entreprise comme une grande famille — pas simplement n'importe quelle famille, mais la vôtre !

Les visages du passé ne cessent de vous revenir en mémoire, comme si votre vie était un grand *talk-show* où le producteur aurait eu la mauvaise idée d'inviter toujours les mêmes protagonistes. Le plus drôle est qu'il est impossible de les reconnaître puisque, pour les besoins de l'émission, ils se déguisent avant d'entrer sur le plateau. Votre mère ou votre père, par exemple, apparaissent sous les traits de votre patron.[15]

« C'est ridicule, pensez-vous sans doute. Je sais faire la différence entre mon patron et ma mère. C'est ma mère qui confond toujours tout et pense encore qu'elle est mon chef ! »

D'accord, votre relation avec votre supérieur est peut-être parfaitement simple. Si elle ne l'est pas, posez-vous simplement quelques questions.

N'avez-vous jamais l'impression d'être comme un petit enfant désireux de faire plaisir à son « boss » ? Êtes-vous très soucieux de l'image que votre supérieur a de vous, des humeurs que vous déclenchez ? Lorsqu'il vous appelle dans son bureau, vous demandez-vous ce que vous avez fait de mal ?

Espérez-vous de votre patron qu'il soit juste, qu'il soit prévenant envers vous, prévoyant envers votre avenir, qu'il vous soutienne quand vous en avez besoin et vous laisse tranquille quand vous en avez également besoin — bref, qu'il joue le parent idéal ? (Vous n'avez peut-être pas conscience de certaines de ces attentes, tant qu'elles ne sont pas méprisées.)

[15] Commentaire de Freud : « Là, je vois que tu as repris ma brillante théorie du transfert pour la transformer en une infâme bouillie. En thérapie, le transfert, comme *a priori* tout le monde le sait de nos jours, est cette tendance à transférer des sentiments, souhaits et conflits sur le psychothérapeute à partir de personnages de votre passé.
En parlant de psy, tu en as un ? Je recommande d'ordinaire une séance quotidienne pendant quatre à cinq ans. Étant donné ton degré de compréhension de ton for intérieur, n'ayons pas peur : doublons la durée de traitement. »

Supposons finalement que votre chef arrive sur le plateau déguisé en « maman »… Que se passerait-il ? Intéressant comme cas de figure. Votre problème est moins lié à ce supérieur hiérarchique en particulier, qu'à son rôle. Cela signifie que vous pourriez connaître une centaine de directeurs de service dans votre carrière et que vous vous heurteriez au même problème avec chacun d'eux !

Cette compréhension des données du problème ne résout pas forcément le problème. Avant de vous attraper avec votre supérieur, réfléchissez deux minutes : c'est vrai, il ressemble à votre mère, mais cela ne veut pas dire qu'il va répondre à votre crise de colère de façon aussi maternelle qu'elle.

ANGOISSE N° 54 — POUR QUI VOUS PRENEZ-VOUS ? POUR MA MÈRE ?

Au travail, vous n'êtes obligé ni d'avoir l'impression d'être le petit dernier de la famille ni d'agir comme un enfant. Il existe une autre possibilité : vous sentir encore adolescent et agir comme un ado.

J'ai travaillé tout un été dans un bureau de poste. C'était un travail fantastique qui avait cependant un inconvénient : il fallait être à son poste à 7 h 00 du matin, tapantes. Je partais du principe que l'heure d'arrivée n'était pas négociable. L'un de mes amis partait du principe inverse et arrivait systématiquement en retard. Notre chef devenait folle.

Cet ami n'avait pas de raison particulière d'arriver tard, il était simplement en retard. Un psychologue saurait sans doute interpréter cela. Sans s'en rendre compte, mon ami provoquait et remettait sans cesse en jeu l'autorité de sa supérieure, comme le ferait un ado face à l'heure d'extinction des feux décidée par des parents.

Cela marchait à tous les coups : notre responsable réagissait à la provocation. Pour ne rien gâcher, chaque fois que notre chef essayait de faire remarquer cette impolitesse, le fautif se rabattait sur une tactique ridicule et répondait aux remarques par des questions.

— Tu es en retard !

— Qu'est-ce que vous voulez dire par « en retard » ?

— Retard veut dire retard. Tu aurais dû être là à sept heures

— C'est où là ?

Lorsque notre responsable en a eu vraiment assez, elle a annoncé au retardataire son licenciement. Il n'a pas cillé : « Qu'est-ce que vous voulez dire par 'remercié' ? » Apparemment, elle voulait dire qu'il devait quitter son poste immédiatement et ne plus jamais remettre les pieds dans ce bureau de poste, pas même pour acheter un carnet de timbres.

Le « who's who » du boulot

Il n'y a pas que le chef qui ait le droit de se déguiser.

Tous les rôles classiques du lieu de travail (chef, subordonné, collègue) offrent l'occasion aux membres de votre famille ou à toute personne de votre passé d'être conviés à votre talk-show.

Voici un mini-annuaire « who's who » du bureau — voir ci-contre. (La relation avec les fantômes du passé figure entre parenthèses.)

Grosso modo, vous ne pouvez jamais savoir qui vous allez voir apparaître. Mais si vous avez des affaires en cours (sentiments) avec quelqu'un, il y a des chances pour qu'il s'invite.

Déguisement d'entreprise	**Personnage réel joué**	
Chef	Papa, maman	Les supérieurs (parents) décident de votre salaire (argent de poche), de votre bureau, qui sera partagé ou non (chambre) et de vos tâches (travaux ménagers). Ils peuvent surveiller vos entrées et sorties, vous accorder la permission de quitter les lieux (aller chez un copain) ou de partir en voyage d'affaires (rester dormir chez le copain). Bref, ils ont les pleins pouvoirs. Chose bizarre, malgré toutes les responsabilités qui leur incombent, ils n'ont pratiquement suivi aucune formation (cours d'accouchement).
Salarié subordonné	Les enfants	Vous avez peut-être embauché vous-même vos salariés (donné naissance) ou vous assumez les fonctions mises en place par leur ancien patron (adoption). Quoi qu'il en soit, ils ont besoin de vous, mais ce besoin varie énormément. Certains jours, ils vous regardent avec admiration (petite enfance). D'autres jours, ils ne peuvent plus vous supporter (adolescence). Vos réactions varient aussi énormément. Certaines fois, vous faites de la gestion à la petite semaine (vous vous mêlez de ce qui ne vous regarde pas) ; d'autres fois, vous déléguez tout (vous êtes permissif). Avec un peu de chance, ils arriveront à s'en sortir et à devenir de plus en plus autonomes (à devenir adultes).

Déguisement d'entreprise	**Personnage réel joué**	
Collègues de travail	Frères et sœurs	Vos collègues de travail (frères et sœurs) sont des rivaux ou des alliés, et ce à tour de rôle. Si vous avez été embauché avant eux (aîné), vous attendez d'eux qu'ils vous respectent. Justice et injustices sont un problème récurrent. Même si vous gagnez des millions (recevez un nouveau jouet), il est toujours vexant d'apprendre que quelqu'un gagne encore plus (reçoit un plus beau jouet). À l'occasion, un collègue aura exactement le même travail que vous, ce qui vous rendra un peu plus proches l'un de l'autre et/ou un peu bizarres (vrais jumeaux).
Direction	Papi et mamie	Ils ont été très présents à un moment, mais ne le sont plus trop. Où sont-ils exactement ? Ont-ils disparu ? Ils sont parfois juste à un autre étage ou dans une autre ville. Ils ont beaucoup d'expérience, donc vous espérez qu'ils ont aussi beaucoup de sagesse ou, du moins, qu'ils ne sont pas complètement à côté de la plaque.
Les autres services	Parents éloignés	Les employés des autres services (des parents éloignés) sont une énigme. Ils ont un air vaguement familier même si vous n'arrivez pas à vous rappeler leur nom. Mais que font-ils vraiment toute la journée ? (Quel est leur lien de parenté ?) Vous ne pourrez jamais comprendre.

ANGOISSE N° 55 – MON DIRECTEUR ME PREND POUR SON CHIEN

Complainte d'un copain : mon directeur me dit de prendre des responsabilités et d'arrêter de me comporter comme un caniche nain. Le jour suivant, j'envoie une proposition de location banale à un client. Comme il s'agit d'une procédure de routine, je ne m'occupe pas de demander l'accord de mon supérieur. Lorsqu'il reçoit la copie, il est vexé et m'adresse un e-mail furieux disant qu'il allait devoir me « tenir mieux en laisse ». Je suis allé le trouver pour en parler mais il m'a fait signe de disparaître… qu'il n'avait pas de temps à perdre avec l'histoire d'un loyer… ou était-ce histoire d'aboyer. Je n'ai pas très bien saisi.

Bien que vous deviez être capable de gérer divers caractères, lorsque le directeur de service en réunit sept d'un coup, c'est un peu déroutant. Peut-être n'était-ce pas le cas ici ?!

Votre directeur est peut-être pris, comme beaucoup de supérieurs, entre deux styles de management : participatif ou directif. Le premier signifie qu'il vous donne la possibilité de prendre des responsabilités et des décisions ; le dernier signifie qu'il vous dit exactement ce que vous devez faire.

Autrement dit, d'un côté il veut vous laisser les rênes libres, de l'autre il a peur que vous ne vous emballiez un peu trop. Avec un peu de chance et de temps, la situation s'équilibrera d'elle-même.

Sinon, changez de maître.

Deuxième éventualité : les autres vous semblent familièrement étranges

Supposons que vous travailliez pour une société américaine ayant son siège à New York. Celle-ci se fait racheter par une entreprise finlandaise et vous vous retrouvez *illico prestissimo* à Helsinki, allant au sauna chaque jour et mangeant des montagnes de harengs. Les gens vous paraissent étranges, mais également familiers dans un certain sens. Après tout, ce sont des êtres humains, pas des extraterrestres.

D'autres personnes ont parfois l'air d'extraterrestres et l'on serait presque déçu d'apprendre qu'elles n'en sont pas.

(Êtes-vous certain qu'elles ne le sont pas ?)

Bizarrement, si elles l'étaient, vous seriez plus compréhensifs : « Tout de même, ces gens-là viennent d'une autre planète, laissons-les s'acclimater un peu. » Vous n'attendriez sûrement pas d'eux qu'ils agissent exactement comme vous. Avons-nous cette même attitude avec les non-extraterrestres ?

La prochaine fois qu'un collègue de bureau vous énerve, réfléchissez : pourquoi vous énerve-t-il ? Est-ce parce qu'il ou elle ne fait pas ce que vous feriez dans cette situation ?

« Lorsque les gens parlent d'un comportement normal, expliquait un professeur de psychologie, ce qu'ils veulent dire en fait c'est 'un comportement comme le mien'. L'anormal, c'est tout le reste. On pourrait appeler cela la saine trinité : moi, toi et la normale. Le reste n'est qu'aberration. »

La plupart des gens admettent, en théorie, que la différence a du bon au travail. Il serait étouffant de vivre au bureau entouré de collègues qui se ressembleraient tous, agiraient et penseraient à l'unisson. Certains directeurs de grandes entreprises embauchent même intentionnellement des adjoints qui ne leur ressemblent en rien.

Ils évitent ainsi le piège du désir secret qui incite à se recruter soi-même, ou si cela est impossible à employer une sorte de sosie.

Ce n'est pas parce que l'on crée une structure de gestion saine qu'elle ne déclenchera pas quelques jolis maux de tête.

« C'est incroyable, s'étonnait une directrice, le nombre d'idées que je peux avoir juste en m'asseyant à la table de réunion avec mes adjoints. Incroyable aussi, le pourcentage d'envies de crimes prémédités. »

ANGOISSE N° 56 — LA FAMILIARITÉ À LA SUÉDOISE

Lettre d'un ami : mon entreprise vient d'être reprise par un grand groupe suédois. Je pars là-bas pour un stage de 5 mois en immersion totale. J'ai appris qu'il était normal dans ce pays d'aller au moins une fois par semaine au sauna avec les autres stagiaires pendant toute une soirée. Tout nu. Il paraît que c'est une expérience qui rapproche les hommes, que tout le monde se sent plus détendu ensuite.

Rien qu'à l'idée d'être nu dans un sauna commun, je suis en nage. Je comprends que l'on soit plus détendu après ça. Si vous êtes un peu trop prude pour vous enfermer dans une pièce surchauffée avec une horde de collègues de travail qui ne portent même pas une serviette sur les hanches, sortir de là doit être un sacré soulagement.

Vous n'êtes sans doute pas le seul à vous sentir gêné. Nous surestimons souvent l'intérêt que nous représentons pour les autres et l'envie qu'ils ont de nous observer sous toutes les coutures. Bien entendu, d'habitude, nous ne sommes pas tout nus.

> Je ne suis pas très chaud pour ces expériences qui rapprochent. En général, j'ai plus tendance à m'accrocher avec les gens, qu'à me rapprocher.

Les deux types de personnes

Vous et moi avons énormément de points qui ne sont pas en commun : nous prenons nos décisions différemment, nous parlons différemment, nos priorités sont différentes et toutes ces divergences peuvent être sources de conflit. Ce sont nos différences comportementales (par opposition à celles liées au sexe, à l'âge, à l'ethnie ou la nationalité, etc.).

Lorsqu'il s'agit de décrire des comportements, notre vocabulaire s'appauvrit de manière surprenante. Nous nous cantonnons à des généralités et le mot qui revient le plus souvent pour parler d'une personne que nous apprécions est « sympa », alors que ce mot n'a pas de sens.

« Untel est sympa » résumerait tout. Comment ces gens si différents les uns des autres peuvent-ils tous être sympas ? J'imagine une femme dans les années 1940 lors d'un premier rendez-vous avec Mussolini. Quand elle essaie de le décrire à son amie, les seules paroles qui lui viennent à l'esprit sont : « C'est un fasciste vachement sympa. » Or, Mussolini était tout sauf sympa. Il était plutôt l'antithèse de la sympathie : l'antipathie ou en langage simple « pas sympa ». Tel est le qualificatif dont nous affublons ceux qui nous énervent : Untel n'est pas sympa ou c'est un abruti (variation plutôt polie sur le thème).

Ce vocabulaire limité laisserait à penser qu'il n'existe que deux types de personnes : les « sympas » et les « pas sympas ». Pourtant, nos comportements sont plus compliqués que cela.

Prenons, par exemple, les prises de décision.

◗ ANGOISSE N° 57 — VOUS N'ÊTES PAS NOTRE GENRE D'HOMME

Rêve d'un ami : je vais à un entretien où dès que vous entrez dans le bureau, les recruteurs cataloguent votre type de personnalité. Puis ils vous donnent un badge avec votre nom qui mentionne cette personnalité. D'après le mien, j'avais une personnalité XYZ. Les XYZ ne sont pas très courants par ici, m'ont-ils dit. D'ordinaire, ils ne durent pas plus d'une semaine ou deux. Tous les autres salariés avaient l'air d'appartenir à l'autre extrémité de l'alphabet, des ABC pour la plupart d'entre eux et quelques DEF. « Eh, regardez, fait-on remarquer en me montrant du doigt. Un XYZ. C'est le bas de l'alphabet. L'entreprise doit désespérer de trouver des salariés à la hauteur. »

Je me rends dans une autre société, où l'on me pèse d'entrée de jeu. « Nous sommes une société qui a du poids et nous sommes désolés de ne pouvoir vous compter parmi nous. » Je les informe que je viens de suivre un régime mais cela leur est égal. « Même si vous preniez dix kilos, vous resterez toujours un poids plume. » Sentir qu'on ne rentre pas dans la norme, ou dans son pantalon, fait mal, très mal.

Il serait tentant d'essayer de devenir comme tout le monde. L'astuce est d'arriver à trouver un lieu de travail où l'on puisse être soi-même tout en se sentant intégré.

Cela peut changer votre personnalité du tout au tout — ainsi que la taille de vos pantalons.

Prendre les décisions

Dès qu'il faut prendre une décision à plusieurs, même toute petite, votre potentiel pour la création de problèmes s'accroît. Je me souviens d'une décision tout à fait anodine que j'avais prise lors d'un séminaire qui regroupait de manière sophistiquée une centaine de cadres d'une même société. Leur entreprise m'avait recruté comme consultant externe pour les aider à mener la réunion en collaboration avec plusieurs salariés à temps plein.

En pleine réunion, j'ai demandé à l'hôtel d'apporter six ou sept tableaux de conférence dans la salle. Aucune raison apparente à cette demande. N'allez pas imaginer que je trouvais particulièrement amusant de saturer les lieux avec ces tableaux. (Petit truc de pro : si vous organisez une réunion et que vous avez l'impression que votre première motivation est de remplir la salle de tableaux, votre réunion est en danger.)

L'hôtel a rapidement fait monter les tableaux et les participants les ont rapidement utilisés. Petite décision, me direz-vous, mais cela a suffi pour agacer l'un des autres organisateurs du séminaire. Après coup, il m'a fait comprendre que si l'idée était bonne, il aurait aimé en être d'abord informé.

Les prises de décision déchaînent nos démons intérieurs.

Même si nous approuvons le contenu d'une décision, nous pouvons être en désaccord sur la façon dont elle a été prise et sur les personnes qui auraient dû être consultées.

Il y a aussi la question de savoir à quel moment, dans quel délai la décision doit être prise. Chacun a son propre rythme pour cela. Certaines personnes sont plus à l'aise tant que rien n'est décidé et qu'il reste plein de possibilités à envisager : elles n'ont aucune envie de se hâter à décider de quoi que ce soit.

D'autres se sentent mieux, une fois l'affaire bouclée. Pour ceux-là, les décisions ne se prennent jamais assez rapidement.[16]

Je préfère habituellement l'abondance de possibilités, ma femme préfère conclure. Cela anime nos discussions dès que nous devons prendre une décision importante : le type de pizza à commander, par exemple. Ou l'achat d'une maison.

La dernière fois que nous avons acheté une maison, j'adorais les visites, alors que ma femme voulait vraiment acheter un bien immobilier. Sa réaction classique à chaque maison était de me lancer : « Mais, enfin, celle-ci est très bien, allez on l'achète. »

Finalement, nous avons acheté à la 43e visite. J'ai le sentiment que notre décision était trop hâtive.

Les prises de décision sont des nids à problèmes. Ceci est une telle évidence que nous en oublions presque ces autres divergences qui font également de bonnes pommes de discorde – même la simple façon dont nous parlons.

ANGOISSE N° 58 — DÉCISION, DÉCISION... QUAND TU NOUS TIENS

Complainte d'un copain : mon manager préfère prendre ses décisions par consensus, c'est-à-dire en impliquant tout le monde. Nous nous embourbons souvent dans de telles discussions qu'aucune décision n'est jamais prise, même pour des choses très simples comme commander

16 Cette distinction a été faite pour la première fois par le psychologue Carl Jung ; elle est expliquée avec d'autres « différentiels jungiens » de la personnalité dans *Please Understand Me*, de David Keirsey et Marilyn Bates. Commentaire de Freud : « Que vient faire Jung là-dedans ? C'est moi qui lui ai enseigné tout ce qu'il sait ! Ensuite, il s'est inventé ses propres idées absurdes, y compris celle que tu viens de citer. Je n'arrive pas à croire que tu l'aies mis dans ton livre. Visiblement, on entre dans ce bouquin comme dans un moulin. Et, pour en sortir, on fait comment ? »

une pizza pour notre déjeuner hebdomadaire. Combien de pizzas faut-il commander ? Chez qui ? Pizza jambon ou fruits de mer ?

Je déteste la pizza !

Aucun mode de décision n'est parfait. Le consensus est valable lorsque la décision est importante et que l'on a assez de temps pour discuter des diverses opinions et idées. Sinon mieux vaut choisir d'autres méthodes : vote à la majorité, courte-paille ou, à la rigueur, la « plouf ». Enfin, il y a la technique du « pile ou face ». Rapide, pleine de suspens. Décisive dans tous les cas. « Pile, pizza poivrons. Face, l'option Rabiot de fromage. »

D'un autre côté, jouer à pile ou face n'est pas toujours conseillé pour les décisions cruciales : « Pile, on construit trois nouvelles usines à l'étranger ; face, on déclare la faillite dans la foulée. » Cela pose également un certain nombre de questions : on joue sur un coup, deux coups ? Ou une manche, la revanche et la belle ? Qui rattrape la pièce ? Que se passe-t-il si la pièce retombe avant la lecture du résultat ? Pour clore, la question qui tue : qui doit choisir pile et qui doit choisir face ?

Que d'interrogations ! Pire que le problème à résoudre initialement.

Savoir parler

Comment parlons-nous ? Voici une liste rapide des façons variées que les humains ont de converser. (Lisez le tableau ligne par ligne en suivant les numéros pour opposer les deux modes formant chaque paire.)

Vous vous reconnaissez ? Pas forcément dans toutes les paires, car il arrive que notre style soit plus central. Avoir un style donné ne signifie pas que vous parlez toujours lentement — et jamais rapidement — mais que vous avez des préférences et des tendances dans votre mode d'interaction.

DIVERGENCES DE MODE DE CONVERSATION

1. Parle lentement	1. Parle vite
2. Retenu	2. Franc
3. Verbeux et décousu	3. Laconique et précis
4. Réfléchi (la pensée précède la parole)	4. Impulsif (la parole précède la pensée)
5. Animé (visible à l'expressivité du visage)	5. Imperturbable (visage impassible, type poker menteur)
6. Expose les faits, constate	6. Pose des questions
CONTRE	
7. Direct (dit ce qu'il pense)	7. Indirect
8. Lance la conversation, décide des sujets	8. Attend que les autres orientent la conversation
9. Sérieux	9. Ludique
10. Exubérant (cite rapidement des détails personnels)	10. Réservé et privé
11. Argumentant, utilise un langage provocant	11. Arrangeant, conciliant, langage fuyant la controverse
12. Émetteur, domine les conversations	12. Récepteur, écoute les conversations

Certaines personnes sont plus difficiles que d'autres à aborder pour une conversation, parce qu'elles sont tellement… différentes. Je vous donne un indice : ce ne sont pas seulement les différences qui causent des problèmes, mais parfois aussi l'absence de différences… qui nous rend fous. Les récepteurs ont besoin d'émetteurs, et vice versa. Qu'il est bon de savoir que la foule qui nous entoure peut être désagréable envers nous d'autant de façons, et non uniquement en étant « pas sympa ».

ANGOISSE N° 59 — MOULINS À PAROLES ET AUTRES PROBLÈMES

Parler trop vite et donner trop de détails sont deux handicaps dans une carrière. C'est du moins ce qu'affirme un article du *Wall Street Journal* après consultation d'une société de conseil en management, Benton Management Resources Inc.

À propos de détails, je me souviens d'un collègue qui m'avait accusé de donner dans le genre donneur de détails inutiles. On croit rêver !? (J'avais du mal à le croire, en tout cas.) C'était un jeudi soir (ou peut-être un lundi aux alentours de midi), nous étions en train de dîner (ou était-ce le déjeuner ?) et j'avais bien entamé ma salade aux pignons (que je préfère à celle aux fruits de mer, car je n'aime pas trop les fruits de mer, qui rendent l'ensemble trop croquant et il est plus facile de tomber sur de bons pignons dans ce restaurant que sur des fruits de mer frais). En y repensant, il me semble que nous étions déjà dans le taxi lorsqu'il m'a fait sa critique (soi-disant, je donnerais trop de détails). J'imagine que moins on reparle de ce défaut, donner trop de détails, et mieux ce sera mais je tiens tout de même à préciser que si vous devez absolument entrer dans les détails, n'hésitez pas à parler rapidement car il n'y a rien de plus ennuyeux que de perdre toute une journée à régler des détails.

Vous parlez trop vite ? J'ai une théorie là-dessus : la plupart des moulins à paroles pensent qu'ils mitraillent juste à la bonne cadence, ce sont les autres qui... parlent... trop... lentement.

Ces « langues rapides » ne me dérangent aucunement sauf lorsqu'ils laissent leur numéro de téléphone sur mon répondeur automatique. Parfois, les gens réussissent à parler à une vitesse normale jusqu'à ce qu'ils arrivent au moment fatal : donner leur numéro de téléphone. Là, tout le monde accélère pour le sprint d'étape. Ils ne vont jamais assez vite à leur goût. Est-ce une épreuve de qualification pour les Jeux olympiques ? C'est comme s'ils devaient dire 10 chiffres en moins de 2 secondes pour avoir le droit d'accéder à la finale.

Autant laisser un message totalement différent : « Vous pouvez me joindre à tel numéro et je vais le dire très vite pour être sûr que vous ne me rappeliez jamais. Alors n'essayez même pas de le déchiffrer. Si vous repassez ce message une centaine de fois et même si vous parvenez à déchiffrer le numéro – ce qui ne risque pas d'arriver – cela ne servira à rien car je vais juste hurler les premiers chiffres qui me passent par la tête et ce ne sera même pas mon vrai numéro de téléphone, étant donné que je ne le connais pas. Ce sera plus certainement mon numéro de sécurité sociale ou le code à barres de mon paquet de biscuits, voire votre propre numéro fixe. Allez, bonne journée ! »

Priorités

Première grande différence au travail : vous et moi, nous n'avons pas les mêmes priorités. Ce qui me semble essentiel peut vous paraître futile. Le problème des priorités éclate au grand jour sitôt que l'on communique — que ce soit par e-mail, par message sur répondeur ou par un commentaire fait de visu — et que l'interlocuteur ne répond pas.

PAS DE RÉPONSE ! Vous vous sentez ignoré, comme si vous n'existiez plus. Un cadre de la télévision avec qui j'ai travaillé (et qui ne répondait jamais à mes appels) m'expliquait son point de vue là-dessus :

— J'ai chaque jour 101 priorités urgentes qui exigent mon attention immédiate. Si j'ai de la chance, j'arrive à m'attaquer à une dizaine d'entre elles, guère plus.

— Je me situe où sur votre liste ?

— Pas loin de la tête, mais sur une autre liste, malheureusement.

ANGOISSE N° 60 — MINUTE, PAPILLON

Jérémiade du bon copain : l'autre jour, j'étais au téléphone avec un client important, difficile à joindre. Une veine incroyable que de l'avoir au téléphone. Deux minutes après le début de notre conversation, il me met en attente. Cinq minutes passent, dix... puis un quart d'heure. Dilemme : pendant combien de temps dois-je encore tenir et rester en ligne sans avoir l'impression qu'on me prend pour un idiot ?

Généralement, cela ne me gêne pas qu'on me prenne pour un idiot après cinq ou dix minutes, mais je n'ai pas besoin d'être au téléphone. Ça peut m'arriver n'importe quand, n'importe où.

Il est si facile de devenir paranoïaque en patientant à l'autre bout du fil. Vous ne vous sentez pas « mis en attente », mais tout simplement abandonné, comme si votre correspondant se moquait éperdument de vous.

« Ça ne vous dérange pas que je vous mette en attente ? J'ai un double appel. Je ne sais pas qui c'est, mais cette personne vaut sûrement bien mieux que vous. »

Luttez contre cette interprétation négative. VOTRE CLIENT NE MÉSESTIME PAS VOTRE IMPORTANCE... Il ne pense tout simplement pas à vous !!!

MON HISTOIRE À MOI

Ces situations de « non-réponse » surviennent bien avant que vous n'ayez un travail. Elles commencent dès la recherche d'emploi. Vous entendez parler d'une opportunité de carrière, vous envoyez un curriculum, vous passez peut-être un ou deux entretiens, puis... plus rien. Que s'est-il passé ? Ont-ils embauché quelqu'un d'autre ? Peut-être. Mais il est tout aussi probable qu'ils n'ont embauché personne et sont trop occupés à surmonter d'autres priorités.

Je me rappelle avoir conseillé à ce sujet un cadre qui devait être reclassé. L'une de ses meilleures perspectives d'embauche s'était transformée en non-réponse. Il mourait d'envie de prendre le téléphone et d'appeler la société, ce qui n'aurait pas été une mauvaise idée s'il n'avait pas déjà appelé la veille et l'avant-veille.

— Il faut que je sache ce qui se passe.

— Ne les appelez pas, avais-je conseillé.

— Et pourquoi pas ?

— Vous aurez l'air désespéré de trouver un emploi.

— Mais je désespère justement de trouver un emploi.

Je sais ce qu'il ressentait : c'était comme se retrouver au collège et être amoureux de quelqu'un qui ne s'aperçoit même pas que vous existez ou qui pense simplement que vous êtes « sympa ». Pourquoi ce genre de situations revient-il encore et toujours ? Est-ce notre mode de pensée qui génère cela ? « Dans notre vie quotidienne, enseignait Shunryu Suzuki, maître zen, nos pensées sont à 99 %

centrées sur nous-mêmes. » Nous passons un temps incroyable à réfléchir aux situations que nous rencontrons — à notre histoire à nous — enfin je veux dire à mon histoire à moi, sûrement pas à la vôtre : ce que je fais, ce que je ressens, ce qui va bien, ce qui ne va pas bien… Dans mon histoire à moi, je joue bien entendu le rôle principal, les autres participants au casting n'ayant obtenu que des rôles secondaires me mettant en valeur.

Seul problème sur scène : chaque rôle secondaire pense que l'histoire tourne uniquement autour de lui, que c'est son histoire à lui – les autres ne sont que des personnages annexes.

Admettons que vous soyez témoin à un mariage. Du point de vue du marié, il est le principal protagoniste. La foule d'amis qui l'entoure en ce jour merveilleux n'est là que pour le soutenir. De votre point de vue, le mariage n'est qu'un épisode mineur dans l'histoire très intéressante de VOTRE vie, et les mariés ne sont que des personnages secondaires.[17]

Bien naturellement, ce genre de confusions crée souvent des conflits. C'est ce qui rend l'histoire encore plus intéressante.

ANGOISSE N° 61 — JE N'AI EU QU'UN SECOND RÔLE

Je déjeunais récemment avec une amie qui était en pleine situation de non-réponse : elle avait envoyé un e-mail à un client important et attendait toujours une réponse.

« Mon courriel date d'au moins trois semaines, expliquait-elle. J'ai également laissé un message sur sa boîte vocale il y a quelques jours juste pour demander s'il avait bien reçu l'e-mail, mais là non plus, pas de réponse. Dans les moments les

17 D'après le roman de John Barth, *Fin de parcours*, Éditions Balland.

plus calmes, je m'interroge 'Qu'est-ce qui se passe dans cette boîte ? !!! Qu'est-ce qui lui prend à ce type ?!!!' »

Nous envisagions diverses éventualités tout en mangeant notre salade : il n'a pas reçu l'e-mail ou il l'a reçu mais ne l'a pas lu ou il l'a lu mais s'est vexé ou ce courrier était vexant… Non, mon amie affirmait que non ; il n'était certainement pas vexant.

J'ai suggéré que son client était peut-être en déplacement pendant ces trois semaines ou en vacances au ski. Son visage s'est éclairé : oui, c'est cela, il était au ski, mais quelque chose de terrible a dû lui arriver. Mais, quoi ? Je me posais également la question.

Une avalanche. Elle la voyait très nettement : il était toujours en vie dessous, mais à peine. Peut-être n'était-il pas en vacances au ski après tout, ai-je suggéré. Il pourrait être en train de s'occuper d'un parent souffrant. Non, c'est plutôt lui-même le malade. Elle le voyait très nettement : en phase terminale, très désagréable. Lorsqu'il demandait un médicament pour être soulagé, l'infirmière l'ignorait complètement.

J'ai émis une autre hypothèse : il a pu être appelé pour être juré au tribunal ?

Oui, au tribunal… a confirmé mon amie, mais en tant qu'accusé. Elle le voyait très clairement : il restait là dans son box, sans jamais répondre aux questions sauf pour dire : « Je vous recontacterai pour vous donner l'information. »

Malheureusement, je soupçonne déjà la raison de cette absence de réponse, et je pense que mon amie la soupçonne aussi : cet e-mail n'est pas prioritaire.

Je ne lui ai pas fait part de cette idée. J'ai juste pris l'addition et lui ai souhaité bonne chance. Très bizarrement, elle ne m'a jamais remercié – pas plus qu'elle ne m'a raconté la suite de cette histoire comme elle l'avait promis. J'attends toujours sa réponse.

C'EST SI DIFFICILE QUE ÇA DE TENIR LES GENS AU COURANT !

Troisième éventualité : les autres sont tout simplement étranges

Dernière possibilité de la liste, bien que ce soit souvent la première envisagée dès que l'on doit lutter contre la foule humaine.

« Rien n'étonne plus les hommes que le bon sens » selon Ralph Waldo Emerson, qui trouvait que tout individu possédait en lui une touche de folie.

Emerson avait sans doute raison, mais il est bon de savoir également que la plupart des gens ne sont pas complètement loufoques, même si vous travaillez avec des personnes qui sont « limite ». Auquel cas, vous en avez la preuve, car elles ne cessent de se plaindre que le vrai problème c'est vous.

Quel culot ! Comment pourriez-vous être LE problème ? Je ne vous connais pas, mais je suis convaincu que vous ne l'êtes pas. Quelle idée saugrenue !

La preuve, vous lisez mon livre. Vous le lisez bien, n'est-ce pas ? Ou est-ce que je parle tout seul, dans le vide ? Je pars du principe que vous et moi, nous en sommes à la même page ou que sinon, vous allez me rejoindre bientôt. Après tout, vous avez acheté cet ouvrage. Du moins, je pense que vous l'avez acheté (vous ne l'avez pas volé, au moins ?).

Résumons : il n'y a aucun problème avec vous, ni avec moi. C'est cette foule d'étranges inconnus qui est tout simplement incontrôlable. Le seul contrôle que nous puissions avoir opère sur nos pensées – sur nos attentes envers ces gens.

Qu'espérons-nous d'eux exactement ? Voici quelques exemples d'attentes communes, fondées sur ce que nous venons de discuter jusqu'ici.

1. Vous attendez peut-être que ces personnes, comme votre chef, ressemblent à votre mère (ou à tout sauf à votre mère).
2. Vous pouvez attendre des autres qu'ils soient comme vous. Ils prendraient les décisions comme vous, parleraient comme vous et comprendraient vos priorités aussi sérieusement que vous.
3. Vous pouvez toujours attendre qu'ils soient tout à fait sains d'esprit — en permanence.

Parfois, j'attends également cela d'une foule de gens. Ne serions-nous pas tous deux trop exigeants ?

ANGOISSE N° 62 — LES GENS DÉMISSIONNENT POUR DES RAISONS BIZARRES

« Je vais monter un élevage d'asticots. » Dans un sondage fait par un cabinet de conseil en ressources humaines, Caliper, et rapporté dans le *Wall Street Journal*, l'élevage d'asticots était l'une des raisons les plus étranges données par des cadres pour expliquer leur démission. Autres prétextes parmi les plus loufoques : « Je dois aller en prison » et « Un démon habite votre réseau informatique ».

Rien de plus déconcertant que les démissions ! En règle générale, nous préférons tous travailler pour une entreprise dans laquelle les gens essaient de rentrer, et non de sortir. Qu'est-ce qui ne va pas dans cette boîte ? Pourquoi tout le monde s'en va-t-il pour des raisons étranges ?

Vous pouvez toujours prétendre que ces motivations ne sont pas si étranges que cela. La prison est une excuse plutôt impérative, bien sûr ; celle du démon est plus biscornue. Existe-t-il, de nos jours, un seul ordinateur dernier cri qui ne succombe pas à ses propres démons ?

Enfin, il y a cette histoire d'asticots. Personnellement, j'aime beaucoup. Trop souvent, nos motifs ne sont pas assez visibles et il faut creuser nos sentiments pour découvrir le pourquoi de nos actions – un peu comme pour les asticots. S'il est possible de ne pas comprendre celle-ci, l'élevage d'asticots, nous pouvons du moins la respecter.

(Sauf si vous la ressentez comme une gifle en pleine figure. La lettre de démission avait-elle une tournure amère ? « Veuillez accepter ma démission, à compter de tout de suite. Après avoir passé tant de temps au milieu de vous autres écervelés, je trouverai sans aucun doute du plaisir à travailler avec des invertébrés. »)

Élever des asticots ! Cette échappatoire a quelque chose de terre à terre. Ce n'est pas commun. Ça ne ressemble en rien au classique « j'ai besoin de me mettre au vert » ou « je me suis réveillé un matin en me disant que je ne passais pas assez de temps à m'occuper des animaux ». Non, c'est net et précis. Comme aurait dit l'un de mes professeurs de littérature (qui aimait la concision) : « Ça fonctionne bien comme phrase ! »

Évidemment, si vous trimez déjà dans un élevage d'asticots, ça ne fonctionne plus du tout. Il vous faudra trouver un autre prétexte : « J'ai décidé de devenir banquier » ou « Je vais préparer une thèse en droit. »

Tous vos collègues éleveurs trouveraient cela farfelu, mais ils se creuseraient la cervelle pour tenter de vous comprendre.

Une foule de fous furieux

« Hé, minute ! pensez-vous. Que faites-vous de tous ces gens qui sont vraiment fous ? De cette foule d'irresponsables qui nous entourent ? Et qu'est-ce que JE fais, personnellement, de tous ces fous furieux ? »

J'espère que cette foule d'irresponsables est moins grande que vous ne le pensez et que vous ne travaillez pas au milieu de fous furieux, voire de fous plus civilisés – même si certains de vos collègues essaient de vous leurrer sur la question.

Je peux me tromper. Dans ce cas, autorisez-vous à poser mon livre ! Pourquoi êtes-vous en train de lire dans un instant pareil ? Faites-vous plutôt conseiller ! Appelez quelqu'un : votre chef, votre mère (à supposer qu'il s'agisse là de deux personnes différentes, sinon réjouissez-vous, vous économiserez une communication téléphonique), le service ressources humaines… le SAMU.

J'aimerais beaucoup vous aider, malheureusement, vous n'avez pas choisi le bon livre pour cela. Je ne suis même pas sûr de savoir quel genre de livre serait ce « bon livre pour cela ». Sûrement un livre avec une couverture cartonnée.

Vous êtes toujours là ? Très bien, alors. Ne baissez pas les bras, la situation n'est peut-être pas si désespérée que vous le pensez.

Partie II
Les stratégies

« La vie est toujours *aussi difficile. »*

Préambule à la partie II

Ce bouquin m'angoisse toujours autant

Avant d'attaquer la partie II de ce livre, arrêtons-nous un instant pour observer brièvement d'où nous venons et où nous allons.

C'est tellement bon d'avoir ses repères — non pas que nous soyons perdus. Non, je peux vous assurer que nous ne le sommes pas. Ce livre a une trame, croyez-moi. Malheureusement, elle s'est probablement égarée. Ne partez pas, je vais sûrement la retrouver.

Ça y est, j'y suis !

Nous avons déjà établi qu'il est relativement aisé de devenir complètement fou, principalement à cause de la quantité et de la qualité de nos pensées. Nous pensons trop, et la majeure partie de nos idées sont tordues. À part ça, tout va bien.

Idées loufoques

Nous réfléchissons souvent de manière bizarre dès que nous pensons aux circonstances de la vie, à notre ego et à la foule humaine qui nous entoure. Dans la première partie, nous avons abordé trois de nos plus grands raisonnements irrationnels, que je résume ci-dessous.

	Raisonnement irrationnel	**Totalement irrationnel car…**
Circonstances	L'univers ne devrait jamais présenter d'inconvénients ni me mettre mal à l'aise. Il devrait toujours me procurer ce que je désire et ne jamais m'imposer ce que je ne veux pas.	L'univers ne tourne pas autour de ma petite personne.
Ego	Je dois toujours agir au mieux de mes performances et avoir l'assentiment des personnes importantes qui me côtoient (afin de me prouver ma valeur en tant qu'être humain).	Il m'arrive de me tromper.
Foule humaine	Les autres devraient toujours être gentils avec moi.	Les autres m'agacent relativement souvent.

Circonstances (mal)heureuses, ego, foule. La liste semble si courte au début. Pourtant… Les circonstances peuvent recouvrir à peu près tout ce qui se passe dans la vie, du contrôle fiscal aux tiques et moustiques ; l'ego s'occupe de tous les aspects de votre identité, de votre emploi à votre coupe de cheveux ; et la foule compte des milliards de gens avec qui vous pourriez tenir une téléconférence, ou une simple conversation.

Nous avons donc largement matière à divaguer. Si vous aimez vous faire un sang d'encre, bienvenue à bord de notre univers.

TROP D'IDÉES

En plus d'être tordues, nos idées sont trop nombreuses pour nous : 60 000 par jour… vous pensez bien qu'il est donc impossible, dans ce cas, d'être conscient de toutes ces pensées qui interfèrent avec nos actes de tous les jours et notamment avec notre sommeil (surtout lorsque nous sommes épuisés) et notre concentration pendant les réunions (surtout lorsque nous n'arrivons pas à dormir).

Exemple : le soir, vous rentrez à la maison après une journée de travail, vous garez la voiture dans le garage, puis vous vous demandez comment vous êtes arrivé jusque-là. « Ça ne peut pas être moi, j'étais en train de rêver. »

C'est de ce fonctionnement incessant de notre cerveau dont nous allons parler, de ces idées non-stop qui nous conduiraient presque droit dans le mur.

Inutile d'essayer d'arrêter de penser, c'est impossible. D'un autre côté, 60 000 pensées par jour, ça fait beaucoup. Elles kidnappent notre attention, nous épuisent mentalement et nous empêchent d'apprécier les plaisirs les plus simples de la vie.

Commentaire de Freud : « Ça fait déjà au moins cent pages que tu nous serines avec ça ? Tu n'avais qu'à nous donner un résumé analytique… »

ANGOISSE N° 63 — LES RÉSUMÉS ANALYTIQUES

Le résumé se situe généralement en début de rapport. Il a pour but de nous éviter la lecture complète dudit rapport.

Les résumés suscitent toujours beaucoup de questions.

Pendant la lecture, vous vous demandez ce que vous ratez en ne lisant pas le texte entier. Vous ne le saurez jamais à moins de tout lire et c'est justement ce que vous ne voulez pas faire. D'ailleurs, vouliez-vous vraiment lire le résumé ?

Pendant sa rédaction, vous vous demandez pourquoi écrire le reste de l'article ou du rapport puisque tout est dit dans le résumé. Vous pourriez tout aussi bien insérer une centaine de pages d'annuaire pour que l'épaisseur ressemble à celle d'un rapport puisque, de toute façon, personne ne lira ces pages.

Les gens qui lisent vraiment la totalité du rapport, en revanche, peuvent susciter beaucoup de problèmes. J'ai entendu parler d'un consultant financier dans un cabinet d'audit renommé qui, poussé par l'ennui, avait introduit au beau milieu de son rapport d'audit une énorme obscénité.

Là, à la page 137 à quelques feuilles près, comme le nez au milieu de la figure.

Bla, bla, bla, bla, OBSCÉNITÉ, bla, bla, bla, bla. Ou quelque chose du genre.

Il pensait que personne ne le remarquerait, puisque personne ne lirait jamais sa prose. Et pourtant… Quelqu'un l'a lue et il a été licencié.

(La personne licenciée est celle qui a écrit le rapport et

l'obscénité, pas celle qui les a lus. La lecture d'un rapport n'est pas encore un motif de licenciement reconnu.)

Pour résumer :

1) Soyez concis.

2) Soyez prudent.

3) Soyez poli et évitez les obscénités.

J'ai sûrement oublié quelque chose d'important...

QUE NOUS RESTE-T-IL À VOIR ?

Le reste du livre présente trois grandes stratégies permettant d'obtenir une certaine maîtrise mentale sur notre vie. S'il est impossible de contrôler les circonstances extérieures, notre ego et la foule qui nous entoure, nous pouvons maîtriser la façon dont nous réfléchissons à tout cela de trois manières : en pourfendant ces pensées et préjugés qui nous perturbent (chapitre 5) pour mieux dynamiser notre réflexion en y introduisant de nouvelles idées (chapitre 6). Ces deux premiers moyens nous permettent d'agir sur la qualité de nos pensées.

Quant au problème de la quantité... il nous faut limiter le foisonnement de notre esprit — non pas en arrêtant totalement de penser (ce qui est impossible), mais en gagnant de la hauteur pour observer d'un meilleur point de vue ce bouillonnement incessant.

Ces trois stratégies s'équilibrent.

Pourfendre nos préjugés : il s'agira de prendre le contrepied de certaines idées fausses pour les éliminer.

Dynamiser nos pensées : notre dynamisme nous incite à apporter de nouvelles idées à notre réflexion.

Gagner de la hauteur : nous nous plaçons au-dessus de nos pensées et nous n'éliminons plus rien, nous n'apportons plus rien — nous reprenons simplement notre démarche à zéro, mais d'un autre point de vue.[18]

(Désolé d'avoir réveillé vos vieilles angoisses quant à la mathématique.)

Vous pouvez appliquer ces trois stratégies indépendamment les unes des autres, dans l'ordre de votre choix. Dans l'ensemble, le but de cette deuxième partie est de générer une meilleure maîtrise sur le « pourquoi » et le « comment » de notre réflexion pour mieux gérer celle-ci. Nous devenons ainsi le PDG de notre esprit.

L'acronyme PDG de cette deuxième partie représente les trois stratégies (**p**ourfendre nos préjugés, **d**ynamiser nos pensées, **g**agner de la hauteur) abordées dans les prochains chapitres. (Les Circonstances (mal)Heureuses, l'Ego et la Foule humaine qui faisaient de notre esprit un petit chef sont abordés ensemble au chapitre 5, puis individuellement au chapitre 6.)

J'introduis un nouvel acronyme, et une lutte interne entre le véritable PDG et le petit chef, pour la simple raison que les lettres PDG correspondent à ce qui nous permettra d'obtenir une meilleure maîtrise. Ce sera le premier et dernier acronyme de cette partie, car mon éditeur a une notion précise des limites à imposer en matière d'abréviations en tout genre. (Il m'a dit : « Une ou deux, pas plus. »)

ANGOISSE N° 64 — NOUVELLES STRATÉGIES

Perdre ses employés peut être coûteux pour une entreprise. C'est pourquoi les bonnes entreprises tentent sans

[18] Zéro signifie Rien. Un petit Rien qui a son importance. (En mathématiques, zéro est sans doute le chiffre le plus important car il rend tous les autres possibles. Sept, par exemple, signifie que l'on compte sept fois un à partir de zéro.) Nous reparlerons d'ailleurs de rien au chapitre 7. Commentaire de Freud : « Ce livre ne parle de rien du tout, de toute façon. »

arrêt d'inventer de nouveaux moyens de rendre leurs employés heureux. Certaines de leurs stratégies sont terrifiantes.

Exemple : le patron d'une petite boîte a décidé de se faire raser le crâne pour fêter le bénéfice atteint par l'un de ses vendeurs.

Pourquoi cette boule à zéro serait-elle une récompense pour l'employé ? Les cheveux du boss n'étaient-ils pas assez beaux ? (Mauvaise coupe ? Couleur douteuse ? Poux ?)

Autre stratégie inhabituelle (mais moins redoutable que la tondeuse) : proposer un service de nettoyage à sec, pour que les employés puissent laver leur linge sale au travail.

Que reste-t-il des motivations plus classiques : l'intérêt du travail, le chèque en fin de mois ?

Visiblement, les salariés d'aujourd'hui ont d'autres soucis. Les entretiens de départ (qui se tiennent, par conséquent, juste avant qu'un employé ne quitte une société) ont dû prouver qu'ils étaient obsédés par les cheveux ou la lessive.

Premier employé : « Les cheveux du patron sont en pétard et sa chemise est toujours froissée. La semaine dernière, je lui ai donné un ultimatum. Changez de pressing et rasez-vous le crâne, sinon je démissionne. »

Deuxième employé : « Vous avez vu ma chemise ? C'est la troisième fois que je la porte au nettoyage pour cette tache et aucun employé de la blanchisserie n'a l'air de s'en occuper. Visiblement, leur patron ne sait plus où donner de la tête sous sa chevelure abondante. C'est l'occasion rêvée. Application immédiate de ma stratégie d'entreprise : je me rase la tête et je me lance dans le nettoyage à sec. »

CHAPITRE 5
POURFENDRE NOS PRÉJUGÉS (PDG)

Notre réflexion ne prend pas toujours le meilleur des chemins. Souvent, nous la bâtissons sur des hypothèses que nous tenons pour bonnes, des suppositions auxquelles nous croyons dur comme fer. Bref, des préjugés.[19]

Au Moyen Âge, par exemple, la croyance voulait que la terre soit plate.

Commentaire de Freud : « À cette époque, les gens étaient d'une bêtise incroyable. »

Il est facile de comprendre pourquoi ils partaient de cette hypothèse-là : la terre avait l'air tout à fait plate, et personne n'en avait fait le tour ; tout le monde affirmait qu'elle l'était, par conséquent, tout le monde savait qu'elle l'était.

Or, les apparences sont souvent trompeuses et ce que nous tenons pour vrai est parfois faux.

[19] Il existe des exceptions à cette règle (comme dans toute expérience scientifique énonçant des hypothèses de base), mais je pars du principe que vous n'avez que faire de ces exceptions. Évidemment, je peux me tromper.

Sous la plupart de nos inquiétudes se cache un raisonnement irrationnel, une idée tordue que nous tenons pour vraie. Nous préjugeons souvent de la situation en nous appuyant sur ces fausses croyances. Ce chapitre nous enseignera à les remettre en question — à pourfendre nos préjugés.

ANGOISSE N° 65 — L'ÂGE MOYEN

« Fini à 40 ans » titrait récemment un magazine qui parlait d'une tendance tout aussi récente à remplacer les cadres du « baby-boom » par des talents plus jeunes, la nouvelle génération comme on dit, qui se propose de travailler deux fois plus pour deux fois moins.

L'article m'intéresse parce que je viens de fêter mes 50 ans. J'étais tellement préoccupé par ma crise de la cinquantaine que je n'avais pas réalisé que ma carrière s'était arrêtée voilà 10 ans.

D'ailleurs, mon anniversaire a fait la une des journaux : « Les enfants du baby-boom fêtent leurs 50 printemps. » Certes, le message n'avait rien de personnel, puisque, durant toute ma vie, ce qui m'est arrivé touchait également des millions de personnes sur la planète, qu'il s'agisse d'écouter les Beatles, de m'inscrire à l'université ou de découvrir que ma carrière s'est écroulée depuis longtemps.

D'aucuns prétendent que, une fois passée la moitié de votre vie, votre mémoire commence à défaillir. Faux. Hormis les noms, les visages et mon dernier dossier de travail, je me souviens pratiquement de tout, mais je ne sais simplement pas où sont passées ces trente dernières années.

Qu'importe, la nouvelle génération n'est pas si bonne qu'elle le prétend. D'après ce même magazine, elle manque de références culturelles. Qui était le 35e président des États-Unis ?

Le chef ne dit jamais bonjour

Difficile de savoir toujours ce qui est vrai, notamment dès que l'on parle du comportement des gens.

Vous traversez le hall d'accueil de votre entreprise un matin en même temps que votre chef de service, qui arrive face à vous, le nez plongé dans ses papiers. Vous souriez, vous dites bonjour, mais il vous ignore.

Encore une situation de « non-réponse » !

Deux secondes plus tard, vous êtes dans votre bureau à vous faire du mouron et, sans même savoir pourquoi, vous vous sentez très mal ce matin. Tout à coup, l'image de votre chef vous apparaît : « C'est certain, j'ai eu l'air de l'agacer. »

Non, deux secondes encore : il était bien plus qu'agacé ou énervé. Il me traite comme si je n'existais pas, c'est mauvais signe : je suis grillé.

Et encore… Lorsque l'on est grillé, cela prouve au moins que l'on existe — alors que je n'ai même plus l'impression d'exister. Je suis comme ces petites miettes de pain qui, au lieu de composer un joli toast, sont oubliées à jamais au fond du grille-pain, où elles moisissent.

◗ ANGOISSE N° 66 — Ignoré !

Un grand groupe envoie une circulaire à ses directeurs, les enjoignant de saluer leurs employés dans les couloirs.

J'imagine que les salariés ayant absolument besoin d'être salués étaient tous sortis dans les couloirs pour que les dirigeants n'aient pas l'air de parler aux murs, même s'ils ont des oreilles.

Les salutations au bureau sont également embarrassantes. D'ordinaire, on salue ses collègues le matin en arrivant.

En France, par exemple, il y a les gens à qui vous serrez la main et ceux à qui vous faites la bise…

C'est comme ça, l'habitude. La poignée de main était à l'origine un moyen de prouver à l'autre personne que vous n'aviez pas d'arme (vous veniez les mains vides, c'est rassurant). Il vaut toujours mieux serrer la main que d'épingler votre collègue au mur pour procéder à une fouille réglementaire.

Une fois les premières salutations passées, les rapports redeviennent plus guindés, surtout si vous rencontrez toujours les mêmes personnes dans le couloir. Très rapidement, vous aurez épuisé toutes vos ressources en matière de salutations créatives et vous en serez réduit à utiliser des signes et bruits appartenant au domaine du non-verbal : sourires, clins d'œil, petits mouvements de la tête, etc.

Au début de la journée, vous êtes cadre dirigeant ; vers la fin de la matinée, vous ressemblez plutôt au Mime Marceau.

Comment interpréter un marmonnement

Êtes-vous vraiment grillé ? Ou les carottes ne sont-elles qu'à moitié cuites ?

Revenons en arrière et rejouons-nous la scène, comme si notre esprit était une caméra vidéo et ne pouvait enregistrer la vie que de manière objective.

Que s'est-il passé ?

Le chef m'a ignoré.

Cette affirmation est trop vague et trop subjective. Une caméra vidéo n'enregistrerait pas « ignoré », car ce mot est une interprétation de ce qui s'est passé. Attachons-nous plus précisément aux comportements observables. Qu'a fait exactement mon patron ?

Il est passé à côté de moi, n'a pas levé les yeux et a simplement émis une sorte de grognement.

Bien, ça c'est de l'objectivité. Et que voulait dire ce grognement ? Là, tout se complique. Nous quittons le royaume de l'objectivité pour pénétrer dans celui de l'interprétation.

Vous pensez que ce grognement a quelque chose à voir avec vous, mais qui sait à quoi pensait votre directeur en vous croisant. Son grognement aurait pu vouloir dire des milliers de choses qui n'ont rien à voir avec vous.

1) Il est agacé par les papiers qu'il lit.

2) Son supérieur vient juste de le croiser sans dire bonjour et il suppose que tous les cadres dirigeants doivent l'imiter.

3) Ce n'est pas son jour et le seul moyen de s'en sortir est de se comporter comme une bête d'élevage.

ANGOISSE N° 67 — À QUOI PENSE LE PATRON ?

E-mail d'un ami : dès que quelque chose va particulièrement mal ou bien, l'un de mes salariés se pointe inévitablement dans mon bureau.

— Je n'ai aucune idée de ce que vous pensez de moi : est-ce que je fais du bon ou du mauvais boulot ?

— À vrai dire, je ne pensais pas du tout à vous, avoue alors cet ami.

Nous avons l'impression que notre supérieur pense toujours à nous. C'est une erreur fréquente, un peu comme ces enfants qui croient être le seul centre de l'univers parental.

Or, nos supérieurs sont généralement préoccupés par des dossiers bien plus importants, comme… que pense le PDG de mon travail ?

Pourquoi tout le monde ne pense-t-il pas à moi ?

Résumons : votre supérieur ne pensait sûrement pas à vous.

Décevant ? Je pensais être le personnage principal de mon histoire. C'est bien ce que vous pensiez, non ?

Nous en avons déjà discuté : ce n'est pas parce que 99 % de vos pensées tournent autour de vous-même, que tout le monde doit également penser à vous. Et ce n'est pas parce que nous pensons quelque chose, que cette pensée est une vérité, ni même que nous devrions être d'accord avec cette idée.

Voici la clef du mystère : en termes de bien-être émotionnel et psychologique, ce n'est pas ce que pense le chef qui compte, mais ce que vous pensez.

Derrière pratiquement chaque agacement se cachent un ou deux raisonnements irrationnels. Le seul moyen de se sentir mieux est d'identifier ces pensées et ces préjugés pour les pourfendre.

ANGOISSE N° 68 — Personne ne pense à moi

Je viens juste de vérifier ma boîte vocale : aucun message. Je déteste ne pas avoir de messages, j'ai l'impression d'être abandonné.

« Vous n'avez aucun message », me susurre une voix féminine venue de quelque endroit mystérieux enfoui profondément au fond du système de messagerie.

Qui est cette femme ? Je sais qu'elle n'est pas réelle, mais elle semble avoir tout de même de la composition. Elle appuie en outre sur le mot « vous », comme si tout le monde sur la planète recevait des tas de messages, sauf « vous », c'est-à-dire moi. Il se passe des choses importantes mais, malheureusement, nous ne pouvons pas en discuter avec « vous ».

Parfois elle me dit : « Vous avez un nouveau message. » Mais cela sonne toujours aussi dédaigneux : « Belle affaire, un seul nouveau message. Je l'ai écouté, il est d'une banalité... »

Posons-nous quelques questions

Supposons que seule une partie de vous-même croit à vos pensées du moment. Votre seconde partie conserve un brin de scepticisme des plus sains. Pourquoi croiriez-vous donc tout ce que vous vous dites et pensez ? Après tout, vous n'avalez pas tout ce que vous entendez à l'extérieur, non ? Et vous ne croyez sûrement pas tout ce que vous lisez !

Prenons ce livre : ce n'est pas parce que c'est un livre que vous devez le prendre au pied de la lettre. Parfois, je ne suis même pas sûr moi-même de croire en ce que j'écris.

Je veux montrer par là qu'un brin de scepticisme nous fait le plus grand bien. Non pas que j'écrive cela totalement au hasard — ce serait plutôt le contraire. Mon processus de rédaction est très systématisé.

Servons-nous de ce brin de scepticisme pour pourfendre nos fausses idées. Dès que vous remarquez que vous êtes agacé par quelque chose, posez-vous les questions ci-dessous.[20]

[20] Nous devons cette méthode de détermination et de remise en question des pensées négatives à Albert Ellis, déjà mentionné précédemment. Il expliquait la chronologie de nos contrariétés comme une séquence A-B-C, où A était l'action déclenchante (ce qui arrive), B notre préjugé de la situation et C la conséquence de cette idée (ce que nous ressentons ou faisons). Pour nous sentir mieux, selon Albert Ellis, il nous faut intervenir de force au niveau B, de manière à s'inscrire en faux contre ces pensées négatives. Dans cette chronologie, on distingue quatre questions : « que s'est-t-il passé ? » est l'action qui déclenche tout ; « qu'est-ce que je me dis ? » est notre raisonnement irrationnel ; « qu'est-ce que je ressens ? » est la conséquence de cette pensée ; « qu'est-ce que je peux me dire d'autre ? » est l'intervention à mener.

Question	**Exemple**
Que s'est-il passé ? Décrivez la situation qui vous énerve comme si vous étiez un reporter. Tenez-vous-en aux faits. Soyez aussi objectif que possible.	Mon directeur a grogné.
Qu'est-ce que je me dis ? Revenez à votre interprétation subjective et déterminez les pensées qui vous énervent. Prenez conscience que ces pensées ne sont pas des faits.	J'ai fait quelque chose de mal. Je vais me faire virer. Je ne trouverai jamais d'autre emploi.
Qu'est-ce que je ressens ? Décrivez votre état psychologique et émotionnel (inquiet, triste, déçu, en colère, etc.)	Je suis inquiet.
Qu'est-ce que je peux me dire d'autre ? Racontez-vous quelque chose de différent.	Le chef passe un mauvais jour. Il croit être un cochon.

C'est cette dernière étape – se dire quelque chose de différent – qui est la clef de tout. Vous en découvrirez plus à ce sujet aux pages 166-179.

Le drame serait que votre chef décide de devenir une bête, certes domestique, mais tout de même animale. Le drame tournerait à la comédie s'il décidait de devenir ministre de l'Agriculture. On peut aussi penser exactement le contraire.

« Rien n'est bon ni mauvais en soi, disait Shakespeare, tout dépend de ce que l'on en pense. »

D'accord ? Pas d'accord ? Beaucoup de gens ne sont pas d'accord. Cette constatation shakespearienne défie la sagesse commune qui veut que nous soyons tous victimes de notre sort et que notre bonheur dépende de ce que la vie nous réserve. Quand le ministre de l'Agriculture décide de grogner, c'est donc mauvais signe.

ANGOISSE N° 69 — POSER LES BONNES QUESTIONS

Certaines personnes ne posent jamais de questions dans leur travail ; elles ont peur de paraître stupides. Je comprends leur crainte. Je n'ai rien contre la stupidité en général, mais qui aurait envie de paraître stupide toute la journée au bureau ?

Pourtant, poser des questions est une bonne chose... tant que vous posez les bonnes, et en petit nombre, s'il vous plaît. Je préfère les questions ouvertes classiques : qui, quand, quoi, où et comment ?

Supposons que je me lance dans un grand projet : changer de maison. Les questions de base ne vont pas tarder à surgir.

Pourquoi ? Pourquoi fais-je tout ce que je fais ? Une fois que je me serai longuement posé la question, je comprendrai mieux la réponse : *je ne sais absolument pas pourquoi je fais telle ou telle chose.*

Quoi ? Passons au côté pratique maintenant. De quoi s'agit-il ? Qu'est-ce que je fais exactement ? Au moins, même si je ne sais pas pourquoi, je saurai ce que je fais, car j'aurai dressé une liste de toutes ces choses à faire, que je n'arrive généralement pas à faire rentrer dans mon emploi du temps. Ah bon, pourquoi ? Pourquoi ??? Il me semble que nous avons déjà répondu à cette question. Ne me relancez pas, svp.

Qui ? Question hautement critique. Nous avons besoin de savoir qui s'impliquera dans ce projet. Qui suis-je ? Qui êtes-vous ? Et, dans l'ensemble, qui est qui ? Who's who ? Et qui le sait ?

Où ? Ma question préférée ! Où suis-je ? Où vais-je ? Dans quel état j'erre ? Et où sont mes clefs ? Si je pouvais répondre à l'une de ces questions, cela me détendrait, même si je ne sais toujours pas qui je suis ni avec qui je suis, ni ce que je fais, ni pourquoi… si je sais où, au moins je ne suis pas totalement perdu.

UNE TECHNIQUE REDOUTABLE, MAIS… MAIS…

Déceler et déjouer nos pensées les plus loufoques est une technique épatante pour se sentir mieux. De nombreuses études montrent qu'elle fonctionne et vous pouvez la mettre en application seul, sans l'aide d'aucun spécialiste.

Cependant, savoir qu'une méthode fonctionne ne veut pas dire qu'elle soit toujours facile à appliquer.

Les problèmes liés à celle-ci sont toutefois peu nombreux, deux seulement :

- Parfois, il est difficile d'identifier ces fameux raisonnements irrationnels ;
- Parfois, il est difficile de les déjouer.

ANGOISSE N° 70 — MON CHEF PARLE-T-IL ENCORE DE MOI ?

Courrier d'un ami : mon bureau était autrefois juste en face de celui de mon supérieur. Dès que celui-ci fermait sa porte, je me sentais nerveux. Et s'il s'y enfermait avec son propre supérieur, je devenais très nerveux. Pourquoi fermaient-ils la porte ? Est-ce qu'ils parlaient de moi ?

Parfois, je me levais, j'avançais à pas de velours jusqu'au bureau de mon chef et j'essayais de tendre l'oreille. Je n'ai jamais rien pu entendre.

J'ai fini par comprendre que je me faisais de fausses idées : ils ne parlaient pas de moi. Quel prétentieux je fais !

Visiblement, ils chuchotaient de moi.

Bravo – Vous avez bien repéré le raisonnement irrationnel et pourfendu vos préjugés sur votre supérieur ! Malheureusement, vous n'avez réussi qu'à vous inventer des idées encore plus saugrenues. Recommencez, vous avez droit à plusieurs essais.

Déterminer nos pensées

Lorsque l'idée qui nous bloque n'est pas évidente, il faut jouer les détectives. David Burns, docteur en psychiatrie et auteur de *Se libérer de l'anxiété sans médicaments* (J.-C. Lattès, 1996), suggère pour cela de dessiner un petit bonhomme à la mine dépitée (bouche vers le bas) et de mettre une bulle au-dessus de sa tête. Demandez-vous pourquoi cet « émoticon » est si contrarié. (Vous pouvez, par exemple, écrire la pensée du bonhomme dans la bulle.)

Pour David Burns, toute pensée que vous inventez est bonne, car il y a fort à parier qu'elle aura quelque chose à voir avec vous. Ceci est dû au fait de dessiner le bonhomme, dans la mesure où le dessinateur a tendance à projeter ses pensées et ses sentiments sur quelque chose d'extérieur : un dessin.

Astuce : écrire « je suis contrarié parce que je suis un petit bonhomme mal fichu » n'est pas la réponse que vous recherchez, sauf si vous envisagez une chirurgie esthétique.

◗ ANGOISSE N° 71 — JE NE SUIS QU'UN PETIT BONHOMME

Rapport d'un collègue voyageant en Chine : la nourriture ici est très différente. Je saute des repas, je perds du poids, je rétrécis à vue d'œil.

Hier soir, mon hôte chinois m'a emmené dîner. Je me faisais prier pour manger du scorpion et me suis décidé à jouer la sécurité avant tout en me contentant de fourmis grillées. Elles étaient étonnamment goûteuses ! J'en ai mangé beaucoup, quasiment toute une colonie et, cette nuit-là, j'ai bien entendu fait une crise de foie et mal dormi. J'ai rêvé que je donnais ma démission pour pouvoir me consacrer au creusement de petits tunnels dans l'arrière-cour. Ensuite, je pouvais ramper à l'intérieur des tunnels et en ressortir comme je voulais.

Les repas relèvent souvent du défi pour les cadres qui se déplacent en Chine. L'exotisme frise l'aventure à l'issue incertaine.

D'un autre côté : il est si difficile de se débarrasser des fourmis. Si en manger quelques-unes peut aider, ce serait une bonne solution. Le nouveau slogan sonnerait comme ceci : « Pourquoi les exterminer lorsqu'on peut les microniser ? »

POURFENDRE NOS PRÉJUGÉS

Que faire lorsque nos préjugés semblent si réalistes ? Se dire que les apparences sont parfois trompeuses. Ce n'est pas parce qu'ils paraissent vrais qu'ils sont vrais. Testez-les sur trois points :

A) Pessimisme

B) Exagération

C) Exigences déraisonnables

Voyons chacun de ces points séparément.

A) Pessimisme

Martin Seligman, psychologue et auteur d'un livre intitulé *Apprendre l'optimisme* (Interéditions, 1994, traduit par Larry Cohen), explique que pessimistes et optimistes ont deux façons totalement différentes d'envisager les mêmes situations. Leurs styles d'interprétation sont à l'opposé l'un de l'autre.

Bonne nouvelle : tout le monde peut apprendre à devenir optimiste !

Mauvaise nouvelle : la plupart des pessimistes ne croiront jamais cette bonne nouvelle !

D'après M. Seligman, les pessimistes confrontés à un malheur estiment que cette situation a un caractère *permanent, tentaculaire et personnel.* Les optimistes partent du principe inverse.

La permanence est liée au temps et à la durée supposée du problème. Les pessimistes pensent en termes de « toujours » ou « jamais » — les problèmes n'en finissent jamais, ils dureront toujours.

L'effet tentaculaire est une pieuvre qui envahit l'espace et l'environnement, les autres zones de notre vie susceptibles d'être atteintes par le problème. Les pessimistes ne savent pas cloisonner leurs problèmes : le moindre souci finit par affecter tous les domaines de leur existence, par empoisonner celle-ci.

La personnalisation s'attache à la cause du problème. Les pessimistes s'en veulent.

Revenons à notre chef grognon. Supposons qu'il se prenne pour un cochon. Un optimiste interpréterait la chose comme suit.

Cette situation n'est pas permanente : dès demain, le chef pourrait envisager de cesser d'être un cochon pour devenir plus communicatif. Il pourrait se transformer en télécopieur.

Ce n'est pas une pieuvre tentaculaire : je suis entouré de tas de gens dans la vie qui ne grognent pas, ne caquettent pas, ne braient pas et ne claironnent pas cocorico à tout bout de champ.

Elle n'a rien de personnel : je n'y suis pour rien si le chef se prend pour un cochon. Ce n'est pas comme si je lui tannais le cuir pour qu'il me laisse jouer aux agriculteurs dans sa soue.

Supposons maintenant que son grognement soit plus qu'un simple grognement, et que vous ayez finalement perdu votre emploi. Vous pouvez être optimiste ou pessimiste. Comment parleriez-vous dans l'un et l'autre des cas ?

Optimiste	**Pessimiste**
Temporaire : « Avant d'avoir le temps de dire 'ouf !' j'aurai retrouvé un nouvel emploi. »	*Permanent :* « Je ne retrouverai jamais un poste et vous apprendrez sous peu mon décès. »
Circonscrit : « Heureusement tout va bien dans le reste de ma vie. »	*Tentaculaire :* « Toute ma vie est ruinée, et ma vie dans l'au-delà également. »
Impersonnel : « Ce sont des choses qui arrivent à tout le monde. »	*Personnel :* « Je suis un minable, un *loser*. Je perds toujours et je perds tout, même mon boulot. Et mes clefs, vous n'auriez pas vu les clefs de ma voiture ? Et ma voiture, où ai-je garé ma voiture ? »

Par ailleurs, ce n'est pas seulement ce que nous nous disons à nous-même sur une situation donnée qui importe, mais également ce que nous en disons aux autres. Supposons que vous soyez remercié et que l'on vous demande pourquoi vous êtes sans emploi. Il est crucial que votre explication soit impersonnelle, de manière à ne pas culpabiliser ni à accuser les autres.

(Il est tout aussi primordial de garder un ton confiant qui laissera entendre que vous ne considérez pas la situation comme permanente et envahissante.)

Un consultant en ressources humaines me suggérait autrefois de dire, grosso modo : « Une décision a été prise et des centaines d'emplois ont été supprimés (à supposer que ce chiffre soit vrai). J'ai fait partie de la vague de licenciement. »

Remarquez comme cette affirmation n'a rien de personnel.

« Une décision économique a été prise » — Impossible de faire plus vague. Vous ne dites pas qui a pris la décision, que ce soit votre supérieur, le président du conseil d'administration, voire un économiste quelconque qui passait par là. Peu importe qui a pris la décision. Elle n'avait rien à voir avec vous, personnellement. Elle aurait pu se décider presque toute seule.

Rien n'empêche une explication plus personnelle.

« Il y a eu des licenciements. Je ne sais pas trop pourquoi j'étais dans le lot. Peut-être parce que j'ai perdu le contrat XYZ, alors que ce client était notre deuxième plus grand compte jusqu'à ce que je renverse un thermos entier de café sur les genoux du président de XYZ et que je bousille son costume fait main à 2000 dollars. Est-ce ma faute à moi s'il était trop bien habillé pour l'occasion ? Il disait n'avoir jamais vu une telle incompétence (alors que nous n'avions fait connaissance que le matin même...). »

ANGOISSE N° 72 — VOULOIR C'EST POUVOIR

L'optimisme a ses limites.

J'écoute parfois des cassettes de cours de motivation quand je suis au volant. Malheureusement, je ne suis pas un as du volant ; être plus motivé ne semble pas y faire grand-chose. Ce qu'il me faudrait, ce sont des cassettes de cours de conduite : SOYEZ VIGILANT SUR LES ROUTES ! dirait la cassette, ET ARRÊTEZ D'ÉCOUTER TOUTES CES CASSETTES.

Si vous n'avez jamais entendu de cassette de motivation, sachez que leur message principal est simple : « J'y suis arrivé. Eux aussi l'ont fait. Maintenant à votre tour, allez-y : vouloir c'est pouvoir. »

Ces messages me rappellent une sculpture en verre qui orne mon bureau. Elle a la forme d'une pyramide et m'a été donnée par une société auprès de laquelle j'ai été conseiller. Chaque employé en a également reçu une. À l'intérieur du verre, on lit ces mots : « Gagné. »

Je me demande toujours comment ils ont pu faire rentrer ces mots là-dedans. Même si je le voulais, je n'y arriverais jamais. C'est perdu d'avance.

Impossible de demander la réponse à ma question. Cette société a fait faillite.

IMAGINONS LE PIRE

Vous préférez peut-être le pessimisme. Dans ce cas, autant s'en servir à votre avantage pour imaginer volontairement le pire concernant le problème qui vous tracasse en ce moment.

Laissez aller votre imagination et poussez le problème dans ses derniers retranchements. Quelle est la pire chose qui puisse vous arriver ?

Imaginer ainsi le pire est un moyen de se rassurer dans la mesure où vous fixez une limite à l'horreur de la situation.

Rédigeons le pire scénario possible quant à votre chef.

• Le chef est furieux, contre vous. Incapable d'exprimer toute sa rage envers vous par des grognements, il vous réduit en lambeaux devant le service tout entier, ce qui est très douloureux. Personne ne vous avait encore jamais mordu de la sorte.

• Puis, il vous achève, avec regret. Son seul remords est sans doute de vous avoir un jour embauché. Brandissant un pistolet à agrafes, il vous poursuit dans les couloirs : « Mon arme est chargée, crie-t-il, alors ne vous faites pas d'illusions, au cas où vous en auriez jamais eu. »

• Lorsque des employeurs potentiels appellent pour se renseigner sur vous, il vous descend d'un ton laissant supposer que son jugement est tout à fait impartial : « Monsieur Untel s'est révélé totalement incompétent, malgré l'odeur intéressante que dégagent ses pieds. »

• Lors des réunions professionnelles, il n'en a que pour vous : vous avez consommé un nombre incroyable de post-it et teniez probablement un commerce frauduleux de revente de fournitures de bureau. Bref, il ruine votre réputation dans tout le secteur.

• Il achète des pages entières de publicité dans des magazines influents. Sous votre photo, on peut lire : « Embauchez-le dès aujourd'hui. Faites faillite dès demain. »

• Il écrit un livre intitulé : *Le pire employé avec lequel il m'ait été donné de travailler*. Sous-titre : *Comment tenir un commerce frauduleux de fournitures de bureau*. Ce livre se vend comme des petits pains. Le pays entier se l'arrache, votre réputation nationale est également ruinée.

• Hollywood sort un film basé sur ce best-seller. Le film remporte six oscars, à la remise desquels votre chef mentionne à plusieurs reprises l'histoire de l'odeur des pieds. Votre réputation auprès de Julia Roberts est définitivement ruinée.

Qu'il est bon de savoir que, quelle que soit votre situation, ça pourrait être pire !

B) Exagération

Imaginer le pire est une sorte d'exagération, l'exagération n'étant que du raisonnement irrationnel poussé un poil plus loin.

Auriez-vous tendance à voir les choses en noir et blanc, à réfléchir en mode tout-ou-rien ? Je comprendrais, car cela m'arrive parfois.

Par exemple, hier : après avoir travaillé sur des projets difficiles, tout ce que j'avais à montrer était un petit tas de trombones. Je les avais tordus sans raison apparente, alors qu'ils n'avaient rien à voir avec le projet. Décourageant (je parle là du manque d'avancée dans le projet, et non du fait que les trombones ne fassent pas partie du projet bien que, maintenant que j'y pense, cela soit tout aussi décourageant).

Analysons la situation à l'aide des questions mentionnées précédemment.

Que s'est-il passé ? Dix heures se sont écoulées et je ne peux que contempler un tas de trombones mutilés.

Qu'est-ce que je me dis ? Le projet est délicat et je n'arrive à rien.

Qu'est-ce que je ressens ? Je suis découragé.

Jusque-là, tout va bien ou, du moins, je comprends tout : puisque je n'avance pas, il est normal d'être découragé.

Mais que penser de cette pensée : je n'arrive à rien ? L'affirmation est un peu extrémiste. Cela me rappelle mes enfants et leur sempiternelle complainte (« y a rien à manger dans cette maison ! ») alors que je pouvais trouver jusqu'à douze aliments différents à consommer, sans compter le poisson rouge.

(D'ailleurs, nous n'avons pas de poisson rouge. Ne me faites pas dire ce que je n'ai pas dit : non, nous ne l'avons pas mangé un jour de famine… nous n'en avons jamais eu de la vie.)

J'ai peut-être fait plus de progrès que je ne le pense. On avance parfois par petits bonds et faux départs. On ressent d'abord souvent l'impression déjà vécue de sécher sur un problème, pour trouver soudainement la solution comme par enchantement. Cette colle qui nous englue au départ fait partie intégrante du processus de résolution créative.

Ce qui signifie que je n'en suis peut-être toujours qu'au stade où le seul progrès possible est de rester bloqué sans avancer d'un poil.

ANGOISSE N° 73 — CRÉATIVITÉ

Complainte du bon copain : la créativité m'effraie. Je déteste avoir à affronter un écran vierge. Je préférerais jouer au solitaire. Parfois, je culpabilise de perdre ainsi mon temps, alors je change : je joue au morpion.

Je n'ai jamais de bonnes idées au boulot. Dès que j'essaie d'être créatif, je retombe toujours sur la même alternative : solitaire ou morpion ?

Mes meilleures idées me viennent sous la douche ou en voiture, lorsque je me rends au travail. Y a-t-il un rapport entre les deux ?

Les spécialistes de la créativité prétendent que la solution vient souvent en faisant des activités banales, répétitives — pendant la vaisselle, le jogging. Einstein, quant à lui, affirmait que c'était en se rasant.

Dans votre cas, si la douche et la conduite automobile fonctionnent bien, pourquoi ne pas les combiner ? La prochaine fois que vous bloquez sur un problème, essayez le lavage automatique de la voiture.

C) Exigences déraisonnables

D'après le docteur Ellis, l'un des meilleurs moyens de remettre en cause nos raisonnements irrationnels est de chercher l'exigence déraisonnable qui se cache derrière eux sous diverses formes (faudrait, devrait, doit).

Reprenons nos trois raisonnements irrationnels liés au chef : Circonstance (mal)Heureuses, Ego, Foule humaine.

Circonstances (mal)Heureuses : l'univers ne devrait jamais présenter d'inconvénients ni me mettre mal à l'aise. Il devrait toujours me procurer ce que je désire et ne jamais m'imposer ce que je ne veux pas.

Ego : je dois toujours agir au mieux de mes performances et avoir l'assentiment des personnes importantes.

Foule humaine : les autres devraient toujours être gentils avec moi.

Tous ces « doit » et « devrait » sont irrationnels car ils vont à contresens du fonctionnement de la vie réelle : l'univers ne me donne pas toujours ce que je veux ; je ne suis pas toujours superperformant ; les autres ne sont pas toujours gentils.

Vouloir insister dans le sens inverse – et vouloir donc que la vie se conforme à nos souhaits – serait comme persister à clamer que la force de gravité n'existe pas et se mettre en colère dès que les objets tombent.

Même si la force de gravité me pèse, mes exigences déraisonnables ne font pas le poids face à elle.

ANGOISSE N° 74 — LES PHOTOCOPIEUSES NE FONT JAMAIS CE QU'ELLES DEVRAIENT FAIRE

« Les photocopieuses sont les machines à café ou les fontaines des années 90 » déclarait un grand magazine américain. Elles sont devenues le point de rencontre préféré des employés.

Dans l'histoire connexe, les fontaines ont décidé de devenir les aquariums des années 2000 pour nous offrir le plaisir de regarder l'eau sans avoir à se soucier des poissons.

Les copieurs m'ont toujours laissé perplexe, même avant qu'on ne les compare à des fontaines. Il est déjà assez difficile de leur faire copier un document, je n'oserais pas leur demander d'imiter une fontaine tout entière.

POURQUOI CES MACHINES NE FONT-ELLES PAS TOUT SIMPLEMENT CE QU'ELLES SONT CENSÉES FAIRE ?

Je ne suis pas le seul à être frustré. D'après le *Wall Street Journal*, une employée de Navistar International a récemment détruit une photocopieuse d'entreprise à coups de masse.

C'était après l'avoir regardée tomber du haut d'une grue. Elle avait gagné un concours d'essais l'autorisant à faire tout cela et lui faisant gagner également un nouveau copieur.

Rien d'étonnant que les machines d'aujourd'hui préfèrent ressembler à des fontaines.

PAS DE CHANCE : TRAVAILLER C'EST TRÈS DUR

Les exigences déraisonnables étant des sources de contrariété, le meilleur moyen pour se sentir bien est de modifier nos attentes, nos « devrait », « doit » et « y a qu'à », pour en faire des préférences.

Généralement, tous ces jolis verbes sont facilement repérables : nous pensons que quelque chose devrait arriver alors que rien ne se passe ou qu'un événement ne devrait pas survenir alors qu'il déboule sans crier gare. Souvenez-vous de cet exemple dans la première partie sur la circulation automobile ? Je peux toujours penser que mon trajet ne devrait pas durer plus d'une demi-heure et me mettre en colère à la 31e minute en pensant que « cela ne devrait jamais arriver ».

Revenons au problème du projet difficile : celui du tas de trombones.

Qu'est-ce que je me dis ?

Le projet est difficile. (Exigence déraisonnable : ce projet ne devrait pas être aussi dur.)

Je n'avance pas. (Exigence déraisonnable : je dois toujours faire des progrès et être productif.)

Heureusement, nous pouvons lutter contre ces pensées. Prenons la première : ce projet ne devrait pas être si dur.

Pourquoi le travail devrait-il être facile ? Ce serait sympa si le travail était facile, je préférerais certainement que mon travail soit moins dur, mais il n'y a aucune loi qui dise que nous ne devons jamais être frustrés et mécontentents parce qu'un travail est difficile.

Parfois, travailler est difficile. C'est justement pour cela que ça s'appelle du travail. Si je crois dur comme fer que le travail ne doit jamais être difficile, alors j'ai ce que l'on appelle communément un seuil de tolérance très faible. Je serai donc contrarié dès que le travail devient problématique. Et rien ne me contrariera plus que mon insistance à vouloir que le travail soit facile.

Qui a dit qu'il fallait que le travail soit facile ?

Je connais bien un consultant en gestion de carrière qui prétendait que le travail devait se faire sans effort… « sinon vous vous êtes trompé de carrière ». Son leitmotiv sonnait bien : « Si vous avez l'impression de travailler dur, c'est que vous n'êtes pas à votre place. »

Depuis, il a fermé boutique. Apparemment, payer ses factures devait être trop dur pour ses clients.

ANGOISSE N° 75 — TRAVAILLER, C'EST TROP DUR...

E-mails d'un cadre supérieur : dès que je donne une tâche à exécuter à Jeannette, l'une de mes employées, elle me demande : « Dis-moi, Marc, ce n'est pas trop dur au moins ? » Je ne sais jamais quoi répondre.

Première idée qui me vient à l'esprit : je pars du principe que vous vous appelez Marc, sinon le commentaire de votre employée serait très surprenant. Pourquoi vous appellerait-elle Marc ?

Deuxième idée que je me fais peut-être : Jeannette semble peu sûre d'elle et a besoin d'être rassurée. Vous devez donc présenter la difficulté comme une chose positive : cela montre que vous avez confiance en elle.

Si le projet est réellement difficile, soyez franc : « Oui, ce que je te demande est extrêmement difficile, c'est aussi un projet très lourd, qui sent mauvais... Sinon, je l'aurais donné à Fred. »

(Permettez-moi de revenir sur mes propos : laissons Fred hors de tout ça. Inutile de résoudre un problème avec Jeannette si c'est pour s'en inventer un avec Fred. C'est bien la dernière chose à souhaiter : Fred commencerait à se plaindre que vous ne lui faites pas confiance et ne lui attribuez jamais les dossiers complexes.)

Être le supérieur de Jeannette semble extrêmement délicat. Très franchement, je préfère que ce soit votre boulot que le mien, ou celui de Fred.

La rentabilité

Que dire de ce deuxième raisonnement : je dois toujours faire des progrès et être productif.

Là encore, il est facile d'en prendre le contre-pied : pourquoi toujours progresser ? Ce serait sympa si nous pouvions toujours faire des progrès, j'aimerais bien avancer ainsi en permanence. J'aurais certainement plus de trombones en bon état, mais rien d'horrible ne va survenir si je ne fais pas avancer le projet à l'instant même.

Il n'existe pas de énième commandement ordonnant qu'il faille sans cesse être rentable et à l'avant-garde, si ce n'est tous ceux que je me dicte dans l'énervement du moment.

◗ ANGOISSE N° 76 — Études de rentabilité

La rentabilité est cruciale. C'est pourquoi les sociétés étudient sans cesse les moyens de l'améliorer. Certaines de ces études sont toutefois pour le moins étranges.

D'après l'une d'elles, publiée dans le *Journal of Applied Psychology*, les employés portant des casques stéréo pendant le travail ont un rendement plus élevé de 10 % par rapport au groupe témoin.

Je me pose toujours des questions sur les groupes témoins. Par exemple, pour celui-ci : que portaient les employés témoins ? Les autres portaient des écouteurs, c'est un peu juste pour des témoins ; on attendrait d'eux qu'ils portent au moins quelque chose de plus classique, des vêtements par exemple.

« Mais enfin, nous sommes des témoins officiels, se plaindraient-ils. On ne peut pas se promener ainsi dans les couloirs, avec un simple casque. On n'a jamais vu ça ! »

De toute façon, il se pourrait que les écouteurs n'aient rien à voir avec la rentabilité. Cette étude n'est sans doute qu'un exemple parmi tant d'autres du célèbre

« effet Hawthorne ». Dans l'étude initiale réalisée à l'usine Western Electric Compagny d'Hawthorne en 1924, la rentabilité s'améliorait lorsque l'éclairage était plus puissant. Mais elle augmentait aussi lorsqu'il était plus tamisé.

Les chercheurs en ont conclu que la lumière n'avait aucune incidence réelle ; tout résidait dans l'attention portée aux employés. La productivité augmentait parce que les ouvriers sentaient que l'on s'intéressait à eux, que l'on se souciait d'eux.

Résultat concluant ! Une question reste cependant posée : que portaient les ouvriers ? On peut également s'interroger sur l'éclairage. Avant cette étude, les électriciens n'étaient pas spécialement très occupés. Depuis, ils ont dû mettre les bouchées doubles pour changer sans arrêt les ampoules électriques.

Je me sens tellement rentable après avoir remplacé une ampoule — peu importe ce que je porte.

Autre raisonnement irrationnel

Nous venons de voir que les pensées les plus réalistes sont parfois fausses.

Ce matin, j'ai d'ailleurs eu encore une pensée déraisonnable à propos de la productivité : *aujourd'hui, il faut que j'abatte un boulot monstre*. Cela ne m'a même pas découragé !

Non, cela m'a angoissé.

Eh oui, il est malheureusement impossible de se remettre les idées en place une bonne fois pour toutes. Je vous le disais dernièrement, tout comme le docteur Ellis : les humains ont une tendance biologique à penser de travers.

Corriger ces mauvaises idées est un travail incessant. Je ne peux pas m'empêcher de penser que ça devrait être plus simple.

Chapitre 6

Dynamiser nos pensées (PDG)

Qu'est-ce que ce titre peut bien vouloir dire ? Concrètement, cela signifie faire jaillir des impressions et sentiments positifs pour déclencher des actions efficaces. Le chapitre précédent s'occupait plutôt de déraciner nos vieux préjugés ; celui-ci permettra d'implanter de nouvelles idées. Nous revisiterons certains des défis lancés dans la première partie de ce livre et dynamiserons notre réflexion sur nos trois plans préférés : les circonstances (mal)heureuses, notre ego et la foule humaine.

Connaissez-vous l'histoire des trois maçons et d'un noble seigneur bizarre ? Très bizarre, même. Elle illustre bien le thème du chapitre 6. La première fois que je l'ai entendue, j'assistais à une conférence.

Il était une fois un noble seigneur qui se promenait lorsqu'il rencontra trois maçons.

— Que faites-vous ? demanda-t-il au premier.

— Ben, qu'est-ce que vous croyez, je pose des briques, répondit celui-ci.

— Et vous, que faites-vous ? s'enquit-il auprès du deuxième.

— Je construis un mur.

Il interrogea alors le troisième homme.

— Construisez-vous aussi un mur ?

Ce dernier posa sa truelle, leva les yeux au ciel et répondit enfin :

— Non, je bâtis une cathédrale.

Le conférencier fit une pause pour que nous ayons le temps d'assimiler ces derniers mots. Par groupe de deux, nous avons dû ensuite discuter de cette histoire.

J'allais commencer à me moquer du premier maçon et de son interprétation affligeante du travail, tandis que le troisième homme était si inspiré, dynamique. Mon partenaire me coupa la parole pour me faire remarquer que ce noble seigneur était étrange.

— Il ne va pas bien ce type. Pourquoi pose-t-il toujours la même question ? Il a l'air obsédé par la maçonnerie.

— Intéressant, je pensais qu'il jouait le rôle de l'avocat du diable, que son personnage était secondaire. Mais peut-être est-il, au contraire, central.

— J'ai mon idée là-dessus : il est arrivé quelque chose de grave à ce seigneur, avant cette histoire. Et, du coup, il en a perdu la mémoire.

— Quelque chose lui est sans doute tombé sur la tête, un seau de briques.

Je ne me souviens plus de quoi parlait cette conférence (intérêt du travail, maçonnerie ou blessures à la tête ?), mais j'aime toujours autant cette histoire — et la capacité qu'ont les gens à envisager les choses de façons si différentes.

C'est ce qui s'appelle le « recadrage ». Comme si vous recadriez une photo : en changeant le cadrage, vous modifiez l'image.

L'exemple classique est celui du verre à moitié plein ou à moitié vide. Tout dépend de votre point de vue et du contenu du verre.[21] S'agit-il d'un liquide que vous n'avez pas du tout envie d'avaler (huile de foie de morue, huile de lin ou huile moteur 10W-40) ou d'une boisson plus rafraîchissante, tel le Perrier ?

ANGOISSE N° 77 — QU'EST-CE QUE JE BOIS ?

La dernière fois que je me suis rendu en Allemagne pour mes affaires, l'hôtel servait différentes sortes de jus de fruits frais tous les matins : orange, pamplemousse et un mystérieux jus « Énergie ». Aucune idée de ce que c'était, mais puisque mon travail exigeait de l'énergie, j'en ai bu énormément. Le goût n'était pas particulièrement plaisant, j'aimais juste le concept.

Je n'arrêtais pas de penser : « Je me sens en pleine forme. Je bois du jus Énergie et je me sens en superforme. »

Je suis très influençable. Si l'hôtel avait appelé son mélange « siesta », je serais encore dans le coma.

[21] Le recadrage n'est pas une méthode limitée aux moments de soif intense. Elle est également à la base de toute créativité et du développement des nouveaux produits. L'un des exercices de créativité les plus amusants qui soient est de prendre un objet de la vie quotidienne et de lui inventer vingt-cinq autres fonctions, moins courantes. Prenons, par exemple, un cintre. Vous serez obligé de regarder ce cintre sous vingt-cinq angles différents.
Les seules fois où j'ai fait preuve de créativité avec un cintre, j'étais enfermé à l'extérieur de ma voiture alors que les clefs étaient à l'intérieur. Je ne peux même pas me vanter d'avoir été créatif, car l'idée n'était pas de moi. Elle m'a été suggérée par un total inconnu qui passait près de ma voiture cette nuit-là et qui avait l'air d'en savoir long sur l'ouverture des portières.
Depuis, j'ai dû enfermer les clefs à l'intérieur de mes divers véhicules une bonne douzaine de fois, immanquablement lorsque je sortais avec une nouvelle copine. Je ne sais pas pourquoi, mais aucun de ces rendez-vous n'a jamais rien donné.

Je me sens faible

Prémisse de ce chapitre (et du livre entier) : vous pouvez parvenir à vous sentir mieux (ou plus mal) en pensant différemment. Faisons un rapide exercice pour démontrer une fois de plus l'impact des pensées sur nos sentiments.

Essayez pendant une minute de vous répéter la phrase suivante : « Je suis un être faible », sans faire de pause.

Remarque : vous n'êtes pas obligé de le dire à voix haute. L'exercice est plus efficace lorsqu'il est exécuté à voix haute, sauf lorsque d'autres personnes sont présentes dans la pièce. (Elles pourraient s'inquiéter de cet effet d'annonce.)

Adoptez également plusieurs points de vue en variant l'énoncé.

1) « Moi, Paul, je suis un être faible » (comme si vous le déclariez à vous-même).

2) « Toi, Paul, tu es un être faible » (comme si quelqu'un parlait avec vous).

3) « Lui, Paul, c'est un être faible » (comme si un tiers parlait de vous).

Le principal est de vous répéter cela sans cesse, mais sans faire le perroquet. Au contraire, réfléchissez à ce que vous dites, comme si vous étiez imprégné de cette pensée. Voyons un peu jusqu'à quel point vous arrivez à vous affaiblir.[22]

[22] Qu'est-ce que vous faites encore ici en bas ? Je veux dire en bas de la page ! Vous êtes censé être tout là-haut. Vous vous êtes sans doute dit, je vais sauter cet exercice stupide et lire simplement cette note de bas de page tout aussi stupide. Dommage, vous venez de comprendre que cette note stupide ne parle de rien.

Bon, maintenant… Pendant la seconde minute, essayez de vous répéter l'affirmation contraire : « Je me sens tellement fort !!! »

Clamez-le haut et fort comme si vous sentiez votre force exploser.

Avez-vous remarqué un quelconque changement dans vos émotions lorsque vous êtes passé du faible au fort ? Avec un peu de chance, vous me répondez « oui ». Sinon, poursuivez l'exercice pendant une troisième minute avec la phrase suivante : « Je suis horriblement frustré. »

ANGOISSE N° 78 — JE SUIS COMPLÈTEMENT DÉCALÉ

L'autre jour, ma femme m'assurait que je me plaignais beaucoup trop du décalage horaire. J'avais l'impression d'être au beau milieu de la nuit alors qu'il n'était que 15 h 00 chez nous. D'accord, mais à Hong Kong, il était déjà 3 h 00 du matin.

Ma femme fit remarquer que mon voyage n'était que dans une semaine. Je fis remarquer que l'on n'avait pas besoin d'être en voyage pour être complètement décalé.

Ces décalages relèvent en fait d'une réalité relativement récente. Avant l'avènement de l'aviation, les océans se traversaient en bateau, un moyen de transport bien plus délassant.

Il n'y avait pas de décalage horaire, de « jet lag ». Au pire, vous attrapiez le scorbut… et on n'en parlait plus.

RAPIDE REMONTANT

Si vous avez aimé l'exercice « faible/fort », vous souhaitez peut-être vous remonter le moral régulièrement par des pensées positives.

Au cours de la journée, déclarez-vous de diverses manières que vous vous sentez bien.

Répétez-vous, par exemple : « J'ai une forme de champion olympique aujourd'hui. Je me sens prêt à lutter contre toute personne dans le secteur de la résine synthétique ! »

Vous devrez naturellement adapter la phrase. Tout le monde ne peut pas se comparer à un champion olympique.

Ou, dites-vous simplement : « Je me sens en pleine forme. »

Ces manifestes sont d'une grande aide lorsqu'on est fatigué. Beaucoup de gens se plaignent d'être fatigués, fourbus, épuisés, vidés, lessivés, éreintés, exténués, crevés, anéantis, morts, ou encore surchargés, surmenés, surtaxés.

Il existe de nombreux mots pour désigner cet état, tout comme les Esquimaux ont un tas de mots pour la neige. La neige occupe une part importante de la vie des Esquimaux. Si je vivais sur la banquise, toutes les neiges seraient les mêmes pour moi : épuisantes.

ANGOISSE N° 79 — IL NEIGE

J'habite dans une région souvent enneigée durant l'hiver. Il tombe assez de neige pour énerver même un Esquimau. Mon voisin, lui, déteste avoir à déblayer la neige devant sa maison : « Ça m'est égal de ramasser les objets que je laisse tomber, mais pourquoi devrais-je ramasser la neige ? Ce n'est pas moi qui l'ai fait tomber ! »

Ce qui me tracasse plus, personnellement, c'est de conduire sur les routes enneigées. J'ai peur d'être en retard à mes rendez-vous d'affaires, auxquels tout le monde arrive à l'avance, allez savoir pourquoi et comment… certainement parce qu'ils prennent les transports en public ou leur gros 4x4, voire un traîneau tiré par des huskies.

Les chasse-neige font du bon boulot pour déblayer les routes, mais ils déposent leurs montagnes de neige à toutes les sorties de garage. Quelle mesquinerie ! C'est comme s'ils disaient : « Regardez comme on a bien travaillé, la route est dégagée, mais… Ah, ah, ah !!! À vous de bosser maintenant, si vous voulez sortir. »

Bien jouer son rôle au travail

Il n'y a pas que les mots qui comptent, ni que les pensées qui fatiguent. En quelque sorte, ce ne sont pas seulement les mots et les pensées qui nous contrarient.

Pourtant, ils jouent un grand rôle. Imaginez que vous soyez un acteur et que vous deviez jouer un personnage éreinté. Comment vous y prendriez-vous ? Vous utiliseriez la même méthode que précédemment dans l'exercice « faible/fort ». Vous vous répéteriez que vous êtes épuisé et vous vous inventeriez probablement des raisons à cette fatigue.

(Je bâille en écrivant cela, c'est sans doute que j'ai mal dormi cette nuit.)

Vous n'êtes probablement pas un acteur ou une actrice, ni même un homme ou une femme de spectacle et, pourtant, vous jouez chaque jour dès que vous arrivez au travail. Admettons que vous soyez sur un projet qui ne vous intéresse pas. Il vous faut néanmoins jouer le rôle du gestionnaire de projet.

Cela exige une certaine énergie. Pour ma part, je donne beaucoup de conférences — un autre type de performance théâtrale. Le public a un comportement curieux par rapport au conférencier et à son dynamisme. Si l'assistance le sent un peu fatigué, elle s'endort immédiatement.

Avant de monter sur scène, je me remémore brièvement comment je me sens : plein d'énergie. Même si cela est totalement faux. Ensuite, je joue le conférencier plein d'énergie. J'ai découvert quelque chose d'important : je suis très crédule dans ce cas.

Si nos pensées comptent énormément, nous verrons sous peu comment les infléchir pour mieux réfléchir aux circonstances (mal)heureuses, à notre ego et à la foule humaine.

ANGOISSE N° 80 — JE PIQUE DU NEZ APRÈS LE DÉJEUNER

Jérémiade d'un ami : quoi que je mange au déjeuner, on dirait que le repas est composé de somnifères non gras. Même si vous allez dans un restaurant respectable, que vous commandiez un sandwich au thon et que vous imploriez le serveur de « je-vous-en-supplie,-n'ayez-pas-la-main-trop-lourde-sur-le-somnifère », vous obtenez au mieux un regard torve... et le garçon vous met une double dose de sédatifs.

Essayez un déjeuner sur le pouce. Dans sa composition la plus osée, le déjeuner sur le pouce consiste à dire « pouce, je passe » et à sortir se balader à l'air libre, à la lumière du jour au lieu de celle des néons, autour de son lieu de travail, voire de son bureau — l'essentiel étant de ne pas manger.

Le déjeuner sur le pouce est basé, grosso modo, sur l'observation d'Einstein : $E=MC^2$, où E est l'énergie, C la vitesse de la lumière et M la vitesse du méga-sandwich avalé. L'objectif de l'exercice est d'éviter de ralentir au niveau de la vitesse du méga-sandwich.

Le déjeuner sur le pouce vous redonne de l'énergie. Vous serez étonné de voir comment vous serez concentré pendant le restant de la journée. Vous ne penserez plus qu'à une chose : quand est-ce qu'on dîne ?

RECADRER LES CIRCONSTANCES (MAL)HEUREUSES

Raisonnement irrationnel : l'univers ne devrait jamais présenter d'inconvénients ni me mettre mal à l'aise.

Réalité : l'univers ne tourne pas autour de ma petite personne.

Je suppose que vous travaillez dans des conditions qui ne sont pas idéales. Votre trajet est trop long, votre bureau, trop petit et vos tâches assommantes.

Or, les circonstances de la vie et du travail ne sont pas la clef de la motivation ou des résultats, selon le Dr Charles Garfield, psychologue et auteur de *Haute Performance et Maxi Performance* (Éditions de l'Homme, 1986 et Éditions Lattès, 1987, traduits par Sylvie de Lattre). Il a passé dix-huit ans de sa vie à étudier des « performers », des battants et des champions dans les secteurs les plus divers, allant du PDG au golfeur, de l'agent de péage au plombier.[23]

Les PDG et les golfeurs semblant jouir de circonstances particulièrement agréables, parlons plutôt péages et plomberie.

[23] Les mots « haute performance », « *performer* », voire « battant » vous angoissent-ils ? Moi, oui, parfois. Ils déclenchent en moi ce raisonnement irrationnel bien connu : je dois toujours agir au mieux de mes performances. Or, même le mieux n'est parfois pas assez bon. J'imagine quelqu'un me disant : « C'est vrai, vous étiez au mieux de vos performances mais, très franchement, c'est pas le top ! » Vraisemblablement, je ne suis pas dans le « top ten ». D'ailleurs, les champions ne passeraient certainement pas leur journée assis derrière un bureau à s'inquiéter des hautes performances des autres ; ils sont bien trop occupés à battre leurs propres records.
Enfin... Je voulais juste vous rassurer sur le point clef de cette partie : vous n'avez pas besoin de devenir une superstar, il suffit de recadrer l'image de votre vie.

Un beau jour, Charles Garfield traversait le pont d'Oakland enjambant la Baie de San Francisco et remarqua que le péagiste dansait dans sa cabine. Quelques semaines plus tard, nouveau passage sur le pont… Il dansait encore.

La conversation s'engage et Charles Garfield découvre que (tout comme le troisième maçon) il avait repensé, recadré son emploi. Ses collègues, d'après lui, trouvaient que leurs cabines ressemblaient à des cercueils verticaux.

« Je peux le prouver, affirmait cet agent. À 8 h 30 chaque matin, des gens vivants pénètrent dans les cabines, puis ils meurent pendant 8 heures. »

Lui était différent. Il voulait devenir danseur.

« Je ne comprends pas pourquoi je devrais penser que mon boulot est fastidieux, ajoutait-il. J'ai un bureau dans un coin, des vitres de tous les côtés ; je peux voir le Golden Gate, San Francisco, les collines de Berkeley. La moitié de l'Occident passe par ici durant ses vacances… et, moi, tout ce que j'ai à faire c'est de venir ici le matin pour pratiquer la danse. »

Donner un sens à sa vie, une raison d'être, permet de recadrer les pires circonstances.

◗ ANGOISSE N° 81 — MOURIR AU BOULOT

Un article du *U.S.A. Today* répertorie les métiers comptabilisant les plus hauts taux de mortalité pour 100 000 personnes à l'œuvre. Voici les résultats par ordre décroissant : pêcheur, bûcheron, pilote de ligne, ouvriers sur charpentes métalliques et chauffeurs de taxi.

Le gros titre affichait : « La mer ne pardonne pas. »

Les passagers des taxis non plus ! J'ai autrefois travaillé comme chauffeur de taxi. À l'époque, je n'étais pas conscient des risques même si, dès les premières minutes passées dans mon taxi, les passagers, eux, ressentaient déjà le danger.

J'exerce désormais la profession de consultant. Le principal problème de ce métier est son appellation. Elle est tellement vague. J'espère qu'elle ne recouvre rien qui soit dans la liste du *U.S.A. Today* car lorsqu'on vous confie une tâche, il est toujours délicat de demander ce que le projet ne recouvre pas.

Client : nous aimerions vous engager comme consultant.

Moi : pas de travaux sur charpente métallique, j'espère ? Est-ce que vous faites beaucoup d'abattage ?

Même si votre gagne-pain semble plus sûr que celui du voisin, ce n'est peut-être pas ce que vous ressentez. J'ai toujours l'impression que chaque projet est une course sans fin. Que se passerait-il si quelque chose se passait mal ?

J'imagine mon éloge funèbre : « Les clients consultés ne pardonnent pas. »

QUE FAIRE SI VOTRE TRAVAIL EST ÉREINTANT

Puis, il y eut les plombiers. Charles Garfield les rencontra dans une société aéronautique, exécutant ce que l'un des vice-présidents de l'entreprise décrivait comme un travail répétitif et fatigant. C'était pourtant le métier qui connaissait le moins de rotation dans le personnel, dont la motivation et la rentabilité étaient incroyables.

Pourquoi ?

Le contremaître avait réussi à convaincre ses plombiers qu'ils étaient comme des chirurgiens et que leur but était de « prendre soin de tous ces tuyaux comme un médecin prend soin des vaisseaux qui mènent au cœur ». Il leur fournissait des tuniques vertes, comme aux chirurgiens et tout le monde se donnait du « docteur ».

Il avait recadré l'environnement de travail et les fonctions de chacun.

Conclusions de Charles Garfield ? Donnez un sens à votre mission — telle est la clef de la haute performance.

Ce sont de belles histoires, même si celle des plombiers semble inquiétante si vous êtes dans une salle d'attente et patientez pour consulter votre « docteur ». Je suis sûr qu'il pratique la médecine de manière tout à fait légale, mais n'hésitez pas à regarder de plus près son plateau d'instruments. Si vous décelez quelque chose de suspect, comme une ventouse pour toilettes, quittez immédiatement le cabinet.

ANGOISSE N° 82 — SOMMES-NOUS VRAIMENT CE QUE NOUS PRÉTENDONS ÊTRE ?

J'ai toujours cette impression étrange que mon médecin n'est pas un vrai médecin. J'ai la même inquiétude concernant mon avocat, mon comptable et mon garagiste. Je ne comprends pas réellement leur travail, ce qui me laisse à penser qu'ils inventent n'importe quoi.

Tout travail est intrinsèquement lié à une certaine capacité de simulation. Nous prétendons être ceci ou cela jusqu'à ce que notre occupation professionnelle nous semble naturelle. Ensuite, il ne nous reste plus qu'à prétendre que nous ne simulons pas.

Les enfants sont de bien meilleurs simulateurs que les adultes. Lorsque mes enfants étaient petits, l'un de leurs jeux préférés était le « Restaurant ». Ma fille était un client, mon fils, le serveur et la voisine était le chef cuistot. Malheureusement, le chef était extrêmement caractériel et se fâchait tout rouge lorsqu'il n'y avait plus de beurre dans la réserve.

« Rupture de stock, hurlait-elle. Qu'est-ce que je vais faire ? » Parfois, il fallait même renvoyer notre cuisinière non pas à ses fourneaux, mais chez elle.

Certains rôles sont plus difficiles que d'autres. « Docteur », ce doit être terrible. C'est pourquoi les médecins ont besoin d'accrocher tous leurs diplômes au mur. Une façon comme une autre de nous rassurer : « Vous voyez, je suis réellement médecin, même si vous n'arrivez pas à le croire, que mes collègues n'y parviennent pas non plus et que les avocats qui me poursuivent pour mes erreurs médicales ne me croient pas non plus. »

Je connaissais un médecin en qui j'avais une entière confiance. Il ressemblait à un médecin, parlait comme un médecin, écrivait comme un médecin... Quelqu'un a dû inventer un moule à fabriquer les médecins. Un beau jour, il a malheureusement choisi de prendre sa retraite.

« Vous avez vraiment été un vrai médecin pour moi », lui ai-je dit en insistant à son départ. Il n'a rien trouvé de mieux que de me décocher l'un de ces sourires un peu tristes, du genre de ceux que les urgentistes adressent à leurs patients au cinéma.

Les bons mots et les mauvais

Votre objectif s'exprime généralement par une pensée que vous émettez. Les pensées sont primordiales. Même les mots que vous utilisez pour décrire votre travail, les circonstances de la vie ou vous-même peuvent faire toute la différence.

Moins positif	**Plus positif**
Faible	Fort
Problème	Défi
Sans emploi	Relève les défis
Agent de péage	Danseur
Plombier	Médecin chirurgien
Chirurgien	Fine lame

ANGOISSE N° 83 — MAL DIT

N'avez-vous jamais craint de dire ce qu'il ne fallait surtout pas dire ?

L'un des mots à ne jamais prononcer au travail est : « essayer ». Les *ratés* le diraient environ vingt fois plus que les battants.

Ma théorie : les losers disent tout vingt fois plus que les autres, c'est probablement pour cela qu'ils ont du mal à trouver le temps de faire correctement les choses.

Essayer ne rassure pas : c'est déjà un peu mentir, d'après Fritz Perls, psychothérapeute. Cela signale généralement que vous allez faire l'inverse de ce que vous prétendez essayer.

Si Fred vous assure qu'il essaiera de passer à votre bureau d'ici la fin de la journée, vous êtes certain de ne pas le voir avant demain. Et vous vous vexez. Forcément. Vous l'aurez attendu impatiemment toute la journée, ce sale menteur.

TRAVAIL = TRAVAUX FORCÉS

Que représente votre travail pour vous ? Parfois, je demande à mes stagiaires de trouver une métaphore pour décrire leurs fonctions. (Vous voulez essayer ? Remplissez les blancs : « Lorsque je travaille c'est comme si… »). Une réponse revient souvent : « Comme si j'étais en prison. »

« Dès que j'entre dans mon bureau, je me sens comme en cage. Je n'ai plus qu'une envie, m'évader. »

« Les box des bureaux paysagers sont trop petits, autant être attaché à une chaîne de forçats. Au moins, on serait à l'air libre. »

« Je suis ici depuis cinq ans. Dans une quinzaine d'années, ils me relâcheront pour bonne conduite. Ils appellent ça la retraite. »

« La bouffe est dégueulasse. »

Pourtant, même les murs d'une prison peuvent faire l'objet d'un recadrage.

Dans leur livre, *Mind Power*, les psychologues Bernie Zilbergeld et Arnold Lazarus racontent l'histoire de ce pianiste chinois emprisonné pendant sept ans durant la Révolution culturelle. Il n'avait aucune possibilité d'approcher un piano. Pourtant après sa libération, il a redonné des concerts et les critiques annonçaient qu'il jouait mieux que jamais.

(Commentaire de Freud : « Et qui sont ces critiques ? »)

Comment ce pianiste a-t-il pu à ce point s'améliorer ?

« Je faisais mes gammes, assure-t-il. Chaque jour, je répétais tous les morceaux que je savais jouer, note après note — dans ma tête. »

Donner un sens à sa vie est à la portée de tous, c'est quelque chose sur quoi nous avons un certain contrôle.

Cela nous donne le pouvoir de transcender toutes les circonstances de la vie qui restent incontrôlables.

ANGOISSE N° 84 — CETTE RÉUNION RESSEMBLE À UNE PRISON

Bonne nouvelle : le nouveau directeur d'exploitation d'une grande entreprise internationale a réuni son personnel d'encadrement et les a bouclés dans une pièce pendant trois jours. Ils n'avaient pas le droit de sortir avant d'avoir décidé des mesures à prendre pour redynamiser la société.

J'adore l'audace de ce dirigeant. Il faut du courage pour enfermer ainsi toute une équipe de cadres pendant trois jours. J'ai fait quelque chose de similaire, mais de moins osé : une fois, je me suis enfermé pendant trois jours dans ma chambre.

Comment ce directeur d'exploitation a-t-il eu cette idée ? Je l'imagine parlant à son PDG lors de l'entretien de promotion.

— Félicitations pour vos nouvelles fonctions. Nous comptons sur vos compétences pour redonner de l'énergie à toute la société. Vous avez déjà quelques idées ?

— Je pensais à un centre de remise en forme intégré au siège social. Rien de mieux qu'une bonne séance de musculation pour vous requinquer.

— Ridicule. Je paye mes employés pour qu'ils se mettent au boulot, pas pour qu'ils se remettent en forme.

— Que pensez-vous de revoir l'échelle des rémunérations ?

— Pire, encore. Cette bande de fainéants est déjà surpayée. Ce serait un crime que de donner un centime de plus à certains de ces managers. Il faut plutôt resserrer un peu la vis.

(Sur le ton de la plaisanterie, le nouveau promu innove alors.)

— Peut-être pourrait-on les faire tous enfermer quelques jours.

— Ça, c'est une bonne idée. Une fois que les employés auront appris que nous avons séquestré leurs supérieurs, ils se sentiront revivre !

Quelque temps plus tard, le directeur d'exploitation était de nouveau promu. Je ne sais pas combien de temps a duré la séquestration de l'encadrement cette fois-ci.

DÉCOUVRIR LE SENS DE SON TRAVAIL

Quel sens donnez-vous à votre travail ? Peut-être n'en savez-vous trop rien. Pour vous aider, voici quelques questions utiles à vous poser.[24]

1. Si vous pouviez imaginer le travail idéal, quel que soit son aspect pratique et son caractère grotesque, quel serait cet emploi ? Pourquoi ?
2. Si vous aviez quelques millions à dépenser sans ne plus jamais avoir à travailler, que feriez-vous ? Pourquoi ?
3. Si l'on vous assurait de votre réussite totale, que feriez-vous ? Pourquoi ?
4. Imaginez que votre vie soit finie. Que voudriez-vous que les passants puissent lire sur votre tombe ? Pourquoi ?
5. Citez plusieurs personnes que vous aimeriez bien être si vous n'étiez pas vous. Quelle est leur raison d'être dans la vie ?

[24] Ma réflexion sur cette notion du sens de la vie et de la raison d'être au travail a été largement influencée par deux spécialistes en gestion de carrière : Richard Bolles, auteur de *De quelle couleur est votre parachute ?* (édition R. Goulet, adapté de l'américain par M.-C. Roy et J.-M. Longpré) et Barbara Sher, auteur de *Qui veut, peut* (édition Le jour, 1984).

6. Qu'aimez-vous faire lorsque vous ne travaillez pas ? Pourquoi cela est-il si important pour vous (quelle que soit cette activité) ?

Remarquez bien que la plupart des questions posées demandent un minimum d'information, puis une explication : « Pourquoi ? » C'est cette dernière question qui permet de découvrir votre objectif. Votre raison d'être ne tient pas seulement à votre titre professionnel, mais à ce qui compte réellement pour vous.[25]

Par exemple, un homme décrivait son emploi idéal comme étant « chauffeur de bus interplanétaire ».

Commentaire de Freud : « Eh bé, il n'est pas près de me voir dans son bus, celui-là ! »

Heureusement, notre homme n'avait pas la moindre intention de sillonner l'espace intersidéral. Ni même celle de conduire un simple bus. L'image lui était juste venue à l'esprit parce que, comme il l'avoua lui-même, il aimait épater son entourage avec des trucs incroyables.

Gagné ! « Épater son entourage avec des trucs incroyables » est sa raison d'être et il existe des tas de métiers allant dans ce sens : astronome, manipulateur d'équipements de radiographie... Quoi qu'il fasse

[25] La raison d'être, le sens de la vie de notre agent de péage sont probablement encore plus profonds que son souhait de devenir un danseur. Danseur est un but, un emploi spécifique. Avoir un but dans la vie permet effectivement de donner un sens à celle-ci pour se diriger vers des objectifs précis, des emplois, mais la raison d'être qui sous-tend toutes nos actions dans ce sens est souvent assez ample et flexible pour que nous puissions nous orienter vers d'autres buts, plus ou moins proches, si celui qui était visé à l'origine n'est pas atteint et si l'emploi souhaité est introuvable. Vous pouvez rester en harmonie avec votre « raison d'être » en faisant autre chose, qui serait également important à vos yeux. Notre péagiste a peut-être pour raison d'être de « divertir les gens ». Dans ce cas, il est déjà en accord avec lui-même.

comme travail, et qu'importe les circonstances, il travaillera sûrement mieux maintenant qu'il sait ce qu'il aime prouver.

ANGOISSE N° 85 — PRENDRE LES BONNES DÉCISIONS DE CARRIÈRE

Chaque fois que quelqu'un m'explique sa profession, j'en reste ébahi.

Le travail est tellement spécialisé de nos jours. Certains me racontent qu'ils ne savent pas exactement ce qu'ils font. Autrefois, le nombre de métiers était réduit et les concepts simples. Vous étiez forgeron ou paysan, ou encore barbare. Chacun savait qui faisait quoi : vous forgiez le fer, vous récoltiez le blé, vous mettiez les villages à sac.

Aujourd'hui, il existe près de 12 000 appellations de métier différentes. Comment prendre une décision sur sa carrière ? L'autre jour, j'ai rencontré un statisticien de l'industrie forestière. Il m'expliquait calmement son emploi jusqu'à ce que, vingt minutes plus tard, je ne comprenne plus rien à ce qu'il faisait.

Si ça n'existait pas comme métier, il faudrait l'inventer.

Je lui ai ensuite expliqué que j'étais consultant, un métier où l'on peut inventer tout et n'importe quoi. Statisticien dans l'industrie forestière, ça fait costaud, solide comme un bon gros arbre. Tandis que consultant, ça sonne bancal, comme une vieille cabane en bois.

En gros, il y a trop d'arbres dans la jungle des métiers.

J'ai tenté de m'imaginer à sa place. Mes premières statistiques prévoyaient que les arbres continueraient de pousser dans les années à venir. J'ai osé un simili dicton : « Mais ne perdons pas de vue la forêt qui se cache derrière les arbres. »

> Qui sait ce que cela veut dire exactement ? (Et qu'est-ce vraiment qu'un dicton ?)
>
> Techniquement parlant, la forêt est un ensemble d'arbres. Il est donc difficile de ne pas la voir, même si elle essaye de se cacher derrière ses troncs, et si vous êtes au milieu de ceux-ci.
>
> D'un autre côté, il est très facile de ne plus savoir comment sortir de la forêt. Cela m'est déjà arrivé. J'ai donc décidé de revoir mes statistiques prévisionnelles : « Ne perdons pas de vue qu'il faut retrouver le parking et le chemin qui y mène. »
>
> Il était de plus en plus clair que je ne serai jamais forestier.[26]

Recadrer son ego

Raisonnement irrationnel : je dois toujours agir au mieux de mes performances et avoir l'assentiment des personnes importantes qui me côtoient.

Réalité : il m'arrive de me tromper.

Notre ego est assailli par le quotidien. Nous commettons des erreurs, nous échouons, nous sommes rejetés — et tout cela parfois même avant d'avoir avalé notre petit déjeuner.

[26] Commentaires de Freud : « Mais qu'est-ce que je suis venu faire dans ce livre, puisque tu n'écoutes pas mes conseils ? Est-ce que l'on ne me cite pas justement souvent pour avoir conseillé de bien peser le pour et le contre pour les décisions d'importance mineure, mais de laisser parler son inconscient, son for intérieur dès lors qu'il s'agit d'affaires vitales, comme le mariage ou le choix d'une profession.
Quant à ton soudain intérêt pour l'industrie forestière, relis donc mes commentaires précédents sur le besoin d'une psychothérapie. C'est une thérapie qu'il te faut, pas des arbres. Inutile de peser le pour et le contre, dans ce cas. »

Commençons par les erreurs. Pensez-vous qu'elles soient mauvaises ou que c'est vous qui êtes mauvais lorsque vous les commettez ?

Si vous penchez pour la réponse n° 2, écoutez plutôt ce que Tom Watson Senior, l'un des fondateurs d'IBM, disait à propos des erreurs. L'un de ses cadres avait commis une bourde qui avait coûté dix millions de dollars. Pour ce cadre, une telle perte était un cauchemar. Watson a demandé à le rencontrer et cet employé a d'emblée voulu donner sa démission — qui lui a été refusée.

« Vous voulez rire, j'espère, lui avait répondu Watson. Nous venons tout juste de dépenser dix millions de dollars pour vous former. »[27]

Watson avait recadré la notion d'erreur : c'est en commettant des erreurs que l'on apprend à ne plus en faire.

Vous pensez sans doute que c'est très facile à dire lorsque vous faites des erreurs multicolores, de dix millions de dollars, du genre de celles dont on n'oubliera jamais la leçon, une leçon qui vaut presque autant, du moins financièrement parlant, que quatre années de formation dans un institut privé. Que penser, cependant, lorsque vous ratez une présentation, l'appel d'un client important ou que vous arrivez au bureau un après-midi avec des épinards coincés entre les dents ?

ANGOISSE N° 86 — LES ÉPINARDS

Ne jamais manger d'épinards ! Ni de salade verte, d'ailleurs ! Vous pourriez être tenté d'en manger sur la croyance stupide que c'est bon pour la santé. Pour la santé, certes. Mais, pour votre carrière, on ne peut pas rêver pire.

[27] Tiré de *Profession leader*, par Warren Bennis et Burt Nanus (Inter-éditions, traduit par Christine Durieux).

N'avez-vous jamais demandé à un collègue de bureau de vous dire si vous aviez quelque chose coincé entre les dents ? La dernière fois que j'ai fait cela, mon associé m'a assuré que mes dents étaient parfaites avant de me demander s'il y avait un problème avec les siennes. Il supposait que ma question n'était qu'une façon polie d'évoquer l'état de ses dents. Or, ce n'était pas le cas.

Combien de vos collègues déjeunent chaque jour de verdure et ne s'inquiètent plus ensuite que de leurs dents ?

J'adorais manger des épinards lorsque j'étais petit, essentiellement grâce à Popeye. Son régime m'intriguait : il ne contenait que des épinards, ce qui lui donnait sa force surhumaine.

Quelqu'un lui avait sans doute conseillé de s'en tenir aux épinards et de les manger directement dans la boîte.

Rien d'étonnant que cela lui ait donné des forces supplémentaires, il avait l'air tellement affamé avant cela. Il se serait musclé rien qu'en avalant de la gelée.

(Je sais bien que la gelée n'a que peu de pouvoir nutritionnel mais, au moins, elle ne colle pas aux dents.)

Pourquoi s'inventer des histoires ?

Parfois, lorsque vous commettez une erreur, celle-ci devient aussi énorme qu'une montagne et, avant même d'avoir pu dire : « Qu'est-ce qui est coincé entre mes dents ? », vous vous faites, de votre côté, aussi petit qu'un brin d'herbe sur le flanc de la montagne, comme si vous n'étiez plus qu'un ridicule brin de verdure.

Pourtant, vous et moi, sommes bien plus costauds que toutes nos erreurs réunies. Et bien plus que des épinards.

Faut-il que je vous rappelle qui nous sommes ? La dernière fois que nous avons abordé cette question, nous étions arrivés, avec difficulté, à la conclusion que l'histoire de « qui nous sommes » est un récit que nous nous racontons sur nous-mêmes et que nous révisons et rééditons sans cesse. Et dont nous sommes le principal caractère. (Du moins, est-ce là notre ego, notre identité !)

Cette histoire contient certes des faits : je suis un humain, pas un cheval. Inutile également de prétendre avoir été un cheval dans l'une de mes vies antérieures, puisque je ne me souviens plus de celles-ci. J'admire beaucoup ceux qui les gardent en mémoire alors que j'ai du mal à savoir le soir ce que j'ai mangé à midi (même si j'ai comme une certitude qu'il s'agissait d'épinards — en tout cas, ce n'était pas du foin.)

NE CHANGEZ PAS LES FAITS SURLESQUELS REPOSE VOTRE HISTOIRE.

Ça ne s'appellerait plus du recadrage, mais du mensonge. Un historien ayant remporté le prix Pulitzer a récemment voulu s'essayer à cette pratique : il a eu de gros ennuis et a été suspendu de ses fonctions à l'université. Il était apparemment très doué pour se remémorer l'histoire, tant que ce n'était pas la sienne.

Bien entendu, si vous prenez les mêmes faits, vous pouvez créer autant d'histoires différentes que vous le voulez.

ANGOISSE N° 87 — S'INVENTER DES HISTOIRES SUR SON SALAIRE

Lamentation d'un proche : je déteste que les gens se vantent d'avoir des salaires à six chiffres.

Toute personne glissant dans la conversation qu'elle pèse six chiffres a de grandes chances de mentir. Son salaire est un seul et unique chiffre, à moins qu'elle exerce six postes simultanément. Or, certains ont encore l'habitude de changer au moins six fois de versions selon l'audience à laquelle ils s'adressent.

1. amis
2. famille
   2b. beau-frère, cherchant désespérément à se renflouer
3. recruteur
4. conseiller financier
5. percepteur
6. kidnappeur
   6b. kidnappeur qui se révèle être votre beau-frère agissant par désespoir.

Réussite ou échec ?

C'est l'histoire de votre petite personne que vous vous racontez à vous-même… Vous dynamise-t-elle ou vous déprime-t-elle ?

Dans votre récit, êtes-vous plus en situation d'échec ou de réussite ? Vous trouverez sûrement des faits corroborant les deux versions. Étudiez rapidement la vie de cet homme d'affaires :

• À 53 ans, après 32 ans de bons et loyaux services pour la même société, celle-ci le licencie.

• Son supérieur lui explique le licenciement ainsi : « Parfois, il y a des gens qu'on ne supporte pas, c'est tout ! »

• Ses amis les plus proches le délaissent ; même le meilleur d'entre eux ne l'a jamais rappelé après son licenciement.

• Il commence à boire.

• Il est pris de tremblements.

• Il envisage de se suicider.

• Sa meilleure offre d'emploi provient d'une société au bord de la faillite.

• Il accepte le poste, puis sera vertement critiqué par la presse, le Congrès américain et les plus grands chefs d'entreprise comme étant la cause de l'aggravation de la situation.

• Il est obligé d'abandonner la totalité de son salaire en raison de celle-ci.

• Il commence à se réveiller en pleine nuit et craint de devenir fou.

• Il commence à voir double.

• Les médecins découvrent que sa femme souffre d'une maladie mortelle.

Échec ou réussite ?

Cet homme s'appelle Lee Iacocca.[28] Cinq ans après avoir été congédié, il était acclamé pour avoir su sauver Chrysler et quelque 600 000 emplois. On lui demanda même avec insistance de se présenter aux présidentielles américaines.

Échec ou réussite ?

Aucune de ces deux réponses ne convient. Elles sont trop étroites pour contenir la complexité d'une histoire humaine. Le jour de son licenciement chez Ford, après trente-deux ans passés au sein de la société, il se sentait sûrement en situation d'échec. Pourtant, rétrospectivement parlant, c'est ce jour-là qui a rendu tout le reste possible. C'était peut-être finalement un bon jour pour lui. Son histoire dépasse largement le cadre de l'échec ou de la réussite. La vôtre aussi.

[28] Tiré de l'un de mes ouvrages déjà édités, *Ready, Aim, You're hired !* sur la base de la biographie de Lee Iacocca.

Se répéter que l'on va très bien et que l'on est un battant sonne très positif, mais cette méthode d'autosuggestion ne marche pas forcément. Il faut en effet se prouver jour après jour que l'on est soi-même une réussite. Notre valeur n'égale en effet jamais que notre dernière action. Or, personne ne réussit en permanence. Personne. Que se passe-t-il alors lorsque vous subissez toute une chaîne de déceptions ?

D'un autre côté, se répéter que l'on est un raté ne vous aidera pas à vous extraire du lit chaque matin.

Essayons donc d'élargir un peu le cadre. Imaginez que vous soyez le héros de votre histoire.[29] Vous en êtes déjà le personnage principal, pourquoi donc ne pas être un héros ? Tous les héros connaissent des hauts et des bas, des échecs et des réussites. C'est ce qui rend leurs histoires intéressantes. Cependant, vous remarquerez qu'ils ne se laissent jamais intoxiquer par leurs ratés ou leurs succès.

Dans chaque histoire, vraie ou imaginaire, le héros est faillible et commet des erreurs. Sinon, personne ne croirait ni ne s'intéresserait à sa légende. Être le héros ne signifie pas être Superman (d'ailleurs même Superman a son talon d'Achille : la kryptonite.)

Être le héros signifie que vous avez des failles — et le cran qu'il faut pour aller de l'avant en dépit de ces défauts. Comme Platon le faisait observer, le courage ne se caractérise pas par l'absence de peur, mais par le fait que l'on surmonte celle-ci pour agir malgré tout.

[29] Cette idée provient de plusieurs sources, dont un livre de Joseph Campbell, auteur de *Les Héros sont éternels* (Seghers, traduit par H. Crès).

ANGOISSE N° 88 — DÉFAUTS

Complainte d'un ami : ma supérieure n'arrête pas de mettre le doigt sur mes défauts. Chaque jour, ce ne sont que des critiques, des critiques et encore des critiques. La dernière : « Vous n'êtes absolument pas ouvert à la critique. »

La plupart des gens se vexent facilement dès qu'on les critique. Cette réaction universelle découle probablement de celles vécues dans l'enfance où les critiques nous assaillent à tout bout de champ. D'après les résultats d'une étude, le ratio critiques–compliments à l'intérieur des ménages américains est d'environ vingt-sept pour un : soit vingt-sept critiques pour un commentaire positif.

Il m'est arrivé d'annoncer ce chiffre à des cadres européens, qui m'ont répondu que je devais m'estimer heureux : en Europe, ce ratio est encore plus décourageant. Les Européens sont très critiques. Mes stagiaires m'observaient de la tête aux pieds, l'air de dire : « Franchement, le point que vous essayez de démontrer est ridicule. Par ailleurs, votre façon de vous habiller est tout aussi ridicule. »

Les supérieurs hiérarchiques tentent parfois d'adoucir leurs critiques en employant la « méthode du sandwich » — une tranche de critiques présentée entre deux tranches de compliments. « Beau travail, ce rapport. Quatre semaines de retard ; une moitié de l'analyse incompréhensible tandis que l'autre est du pur plagia, mais ce ne sont que des broutilles ! Continuez à bien travailler. »

Le problème de ces sandwiches est qu'ils sont composés avec du pain tranché très, très fin.

Le rejet

Être un héros, ce n'est pas tous les jours Bysance. C'est un rôle difficile à assumer, notamment lorsque tous vos efforts sont anéantis à la fin de la journée ou que vous vous sentez rejeté encore et toujours.

L'impression de rejet est difficile à avaler. Tout le monde dans le travail se sent, un jour ou l'autre, rejeté. Normal, car nous vendons tous plus ou moins quelque chose, que ce soit les produits de la société, nos propres idées ou les gâteaux confectionnés par une patrouille de scouts.

Comme beaucoup d'autres sentiments, celui du rejet peut être recadré.

Dans son livre *Guerilla Tactics in the Job Market* Tom Jackson, expert en gestion de carrière, le recadre à sa façon : prenez une feuille de papier et tapez ou écrivez non, non, non, non, non, non, non, non, non, non, non, non, non, non, non, non, non, non, non, non, non, non, non, non, non, non, non, non, non, non, non, non, non, non, non, non, non, non, non, non, non, non, non, non, non, non, non, non, non, non, non, non, non, non, non, non, non, non, non, non, non, non, OUI !

Vous ne pouvez réussir sans d'abord avoir échoué. Vous ne pouvez connaître la valeur du « oui », sans avoir expérimenté au préalable celle du « non ». Chaque fois que vous vous sentez rejeté, barrez un « non ». Vous venez de faire un pas de plus vers le « oui ».

Vu sous cet angle, le rejet a du bon ! Pour un vendeur, ce conseil signifie faire son travail en clientèle avec l'intention de se faire rejeter ici et là. Dites-vous bien que si vous vous faites « jeter » au moins trente fois dans la journée, c'est un bon jour. Cinquante serait même une meilleure moyenne.

Aussi bizarre que semble ce conseil, il vous pousse à monter au front. Lorsque votre objectif est d'éviter le rejet, vous ne faites en réalité qu'écarter autant de chances de réussir. Il faut un certain cran pour supporter ces refus incessants sans cesser d'aller de l'avant. Il faut la trempe d'un héros.

Lee Iacocca pense, par exemple, que la leçon à tirer de son histoire tient en un mot : persévérer.

ANGOISSE N° 89 — SAVOIR SE VENDRE

E-mail d'un ami : j'ai eu un entretien d'embauche aujourd'hui qui s'est déroulé couci-couça. À la fin, le recruteur m'a salué : « Je ne sais pas trop pour vous. »

C'est bon signe ! Il vous invite à mieux vous vendre. Sinon, il ne s'embêterait même pas à vous signaler ses réserves.

Cette incertitude vous donne l'occasion de faire pencher la balance en votre faveur. Au prochain entretien, encouragez le recruteur à mieux formuler ses inquiétudes. Puis répondez-y. Qu'est-ce qui l'inquiète ? Vos qualifications, votre motivation, vos chaussettes ?

N'oubliez pas qu'il y a pire que l'incertitude. Exemple :

— Je viens à peine de vous faire entrer dans le bureau et pourtant je vous déteste déjà. C'est presque allergique…

— D'autres employeurs potentiels m'ont déjà indiqué que je leur rappelais tout ce que les gens n'aiment pas chez les chats.

— Et votre CV…

— Je l'ai beaucoup enjolivé… sauf pour les parties que j'ai totalement inventées.

— Je ne vois pas comment vous pourriez vous intégrer dans notre société…

— Visiblement, vous jugez les gens à la perfection.

Recadrer la foule humaine

Raisonnement irrationnel : les autres devraient toujours être gentils avec moi.

Réalité : les autres m'agacent relativement souvent.

Les gens se comportent souvent différemment de ce que nous attendons. Leurs manières nous paraissent étranges, voire énervantes. D'un autre côté…

« Imaginez que tout le monde soit instruit et intelligent, sauf vous, suggère Richard Carlson (auteur de la série *Ne vous noyez pas dans un verre d'eau* parue chez divers éditeurs en français). Imaginez que toutes ces personnes que vous rencontrez aient quelque chose à vous enseigner. Le conducteur impoli ou l'adolescent irrespectueux vous enseignent la patience ; le punk vous montre peut-être comment être moins obtus dans vos jugements. Votre travail sera de deviner ce que les différents protagonistes de votre vie doivent vous inculquer. »

J'en ai discuté avec mes deux enfants en leur suggérant d'imaginer que les personnes qui les embêtent étaient leurs professeurs. Ils étaient tout à fait d'accord : « Ça, c'est clair ! Nos profs sont de vraies plaies ! »

◗ ANGOISSE N° 90 — Le chef sait tout !

Rêve d'un copain : je démissionne et j'entre dans les ordres. J'en ai marre des boss incompétents. À partir de maintenant, je m'adresse directement à Dieu.

Dans mon rêve, Dieu a un bureau mais n'y reste pas un instant. Sa secrétaire mâche sans arrêt du chewing-gum et trouve que c'est la plus belle invention des Hommes. Surtout les « sans sucre ».

— Il revient quand, Dieu ? ai-je demandé.

— Comment le saurais-je, c'est lui la science infuse, pas moi.

Admettons que ce rêve ait pour personnage principal votre vrai patron humain qui, malheureusement, n'est ni infaillible ni la science infuse. Vous pensez sans doute qu'il gâche tout.

Parfois, nos supérieurs sont ainsi. Comme ils ont une place de choix dans la hiérarchie, nous partons de l'hypothèse qu'ils ont des pouvoirs supérieurs aux nôtres et nous sommes déçus lorsque ce n'est pas le cas.

J'avais autrefois un supérieur hiérarchique très grand. Sa taille m'intimidait comme si, à tout instant, il allait me demander de l'affronter dans une épreuve de saut en longueur.

Des années plus tard, alors qu'il n'était plus mon supérieur, j'ai découvert qu'il portait des talonnettes. Sans elles, et sa position de chef, il est redevenu un simple humain, de taille normale.

Je me suis senti à la fois un peu trahi et victorieux de cette fameuse épreuve de saut en longueur.

Que ferait James Bond ?

Laissons tomber ceux qui nous énervent et parlons plutôt des gens qui, en général, ont quelque chose à nous enseigner. Commençons par deux idées classiques : les autres peuvent soit nous donner des conseils soit nous servir de modèles.

Admettons que vous soyez encore en train de ruminer sur les grognements matinaux de votre patron. N'êtes-vous pas maintenant fatigué de toutes ces pensées mâchées et remâchées ? Un changement de point de vue vous ferait-il du bien ?

Vous pouvez sans doute imaginer ce que vous conseillerait un ami intime à propos de votre patron. D'après Napoleon Hill, auteur de *Réfléchissez et devenez riche* (Interforum, traduit par Thérèse Gindraux), votre cercle de conseillers doit être restreint. Vous ne pouvez pas accepter les avis de tout le monde.

Napoleon Hill a sélectionné une poignée de spécialistes qu'il admire, y compris quelques figures historiques, et les a imaginés en salle de conseil recevant chacun leur conseiller privé et professionnel. Cet exercice mental lui était tellement bénéfique qu'il le pratiqua quotidiennement pendant plus de trente ans.

Cet exercice, bien entendu, est un moyen d'accéder à différentes parties de notre personnalité. C'est pourquoi la personne que vous choisissez comme conseiller peut être n'importe qui : morte ou en vie, réelle ou inventée.

Imaginez une conversation avec James Bond, à qui vous vous confiez :

— J'ai des problèmes avec mon patron.

— Essaierait-il, par hasard, de vous descendre ?

— Non, je ne pense pas. Difficile de lire dans ses pensées.

— J'avais le même souci avec mon supérieur hiérarchique, M. Il n'a jamais voulu me dire son nom. Tout ce qu'il me donnait c'était une initiale. Pas facile à lire.

— Le mien est toujours en train de grogner.

— M. grognait tout le temps. Parfois, il grimaçait aussi. Une fois, en avion, je commande pour moi-même un « martini sec, au shaker, pas à la cuillère ! ». M. grimace. Je commande donc pour lui, un « Coca light, à la cuillère, pas au shaker. » Il me refait une grimace. Il me disait tout le temps : « Vous êtes payé pour tuer, pas pour m'énerver. »

— Je ne sais jamais ce que veulent dire ces grognements.

— Avec M., un grognement pouvait dire tout ou rien : « Arrêtez de faire le malin avec Moneypenny » ; ou « Vous partez immédiatement pour Hong Kong » ; ou encore « Le Coca light me donne la nausée en avion. »

— Que dois-je faire ?

— Partez immédiatement pour Hong Kong. Je connais un excellent tailleur là-bas.

Même si vous ne savez pas ce qu'aurait dit James Bond, vous pouvez toujours imaginer ce qu'il aurait fait.

Et si vous parvenez à visualiser cela, vous pouvez vous rejouer ses actions plusieurs fois de suite, comme si vous regardiez une vidéo, et vous voir dans la peau de James Bond en train d'agir.[30]

Un peu tiré par les cheveux ? Pourtant, dans la réalité, nous imitons sans cesse d'autres gens. Lorsque mon fils Noah a regardé son premier James Bond, il arpentait ensuite la maison en affirmant : « Je m'appelle Bond. Noah Bond. »

Il y a des années, la combinaison de l'attaché-case de mon beau-père était : 007.

L'attaché-case était d'un modèle très plat, qui me rappelait toujours celui de *Bons baisers de Russie*. Celui de Bond, bien entendu, était doté d'un dispositif explosif. Si quelqu'un essayait de l'ouvrir, tout lui explosait à la figure.

À la mort de mon beau-père, je n'étais pas du tout pressé d'ouvrir son attaché-case.

[30] Cette suggestion provient du livre *Mind Power*, écrit par les psychologues Bernie Zilbergeld et Arnold Lazarus.

ANGOISSE N° 91 — LES MODÈLES

Un PDG d'un grand groupe international avait pris l'habitude de toujours garder sa veste. (C'est du moins ce que racontait un article. Je ne sais pas trop ce qu'ils entendent par « toujours ». Au travail ? Sous la douche ? La douche, ça pourrait se comprendre, il essayait sûrement d'économiser sur le pressing. Au travail, c'est plus difficile.)

Les autres cadres de l'entreprise ont donc commencé, eux aussi, à garder leur veste en permanence. La climatisation a été montée à une température bien plus fraîche qu'ailleurs dans les bâtiments pour être supportable avec une veste sur le dos.

J'adorerais avoir une telle influence sur toute une société.

Fantasme : je deviens président d'un grand holding et je fixe les points sur lesquels je n'accepterai aucun compromis, dont l'un d'eux : le port du caleçon long obligatoire.

Le premier matin, j'arrive bien avant la réunion hebdomadaire du personnel et je programme la température au plus bas. Je m'assois ensuite à la table de réunion, confiant. Pourquoi ne le serais-je pas, puisque je porte mes caleçons longs.

Les directeurs de service arrivent un à un et il est évident que le poste de PDG est fait pour moi. C'est ça mon équipe de direction ? Je ressens d'emblée la légèreté de leur linge de corps.

Au milieu de la réunion, l'un de ces directeurs se met à grelotter. Un autre demande : « C'est moi qui vais mal ou on se croirait dans une chambre froide ? » Un troisième exige presque que l'on fasse monter de la soupe.

Je fais un sacré bel effet. Plus important encore, je suis toujours bien au chaud, grâce à mon caleçon spécial double épaisseur.

Suis-je vraiment James Bond ???

Si vous pouvez sans problème vous apparenter à James Bond, ou à toute autre personne, c'est parce qu'en réalité une partie de vous est déjà James Bond.

Autrement dit, une partie de vous est déjà audacieuse, pleine de ressources, calme et mesurée même soumise au stress… et tout ce que James Bond symbolise encore de bon. Vous n'êtes peut-être pas encore trop familiarisé avec cette partie de vous, mais cela ne signifie pas qu'elle n'existe pas.

Envisagez votre personnalité comme la somme de différentes parties, différents « moi » se complétant. Vous en connaissez déjà quelques-uns. Par exemple, si vous êtes la plupart du temps extraverti, ouvert et sociable, il arrive aussi que vous deveniez introverti et réservé… ou vice versa.

Pour Carl Jung, ces différents « moi » sont universels. Nous avons tous un côté extraverti et un côté introverti. Il en va de même pour les autres facettes de tous les caractères possibles, même si vous et moi n'en avons pas conscience.

Certains de ces côtés sont si dominants qu'il est facile de les reconnaître. D'autres sont tellement bien enfouis et cachés qu'ils nous semblent étrangers.

ANGOISSE N° 92 — Le problème des introvertis, des extravertis et d'une foule d'autres gens

Le *Wall Street Journal* rapportait dernièrement que dans un sondage portant sur 481 directeurs généraux américains, 70 % se trouvaient introvertis.

Ce chiffre m'avait surpris, car aux États-Unis, on encourage plutôt les gens à être très sociables et liants. On se méfie de la solitude. Le fait que les crimes collectifs soient souvent perpétrés par de grands introvertis, « qui vivaient repliés sur eux-mêmes et ne parlaient à personne », n'arrange pas les choses. Impossible d'inventer une pire publicité pour l'introversion.

Pourtant, étant donné le nombre de psychopathes qui traînent dans les rues, on pourrait penser qu'il vaudrait mieux être moins liant…

J'aimerais tant voir la police épingler un jour un extraverti. Les voisins diraient qu'ils étaient certains que quelque chose clochait : ce type était vraiment trop sociable.

Parfois les extravertis sont effectivement trop liants. Je suis convaincu que ce sont, par exemple, des extravertis qui dirigent le programme spatial américain. Il y a environ 6 milliards de personnes sur cette planète à qui nous pouvons parler. N'est-ce pas assez ? Quel besoin avait-on d'aller sillonner l'espace pour en trouver d'autres ?

Je ne connais même pas mon voisin. Je me demande s'il n'est pas un peu du genre extraterrestre extraverti.

Tempêtes sous nos crânes

La partie submergée de notre personnalité pourrait représenter un potentiel enterré ou simplement des aspects de nous qui nous mettent mal à l'aise. Ce qui nous ramène à cette foule d'imbéciles qui nous agacent.

Les « emmerdeurs » (pour les appeler par le vrai nom dont nous les affublons souvent) nous rappellent souvent ces parties de nous-mêmes que nous n'apprécions pas. Admettons que vous soyez quelqu'un de très doux et modeste, ne montrant jamais aucune agressivité. Dans ce cas, les individus agressifs vous dérangeront. Ils peuvent cependant également vous enseigner quelque chose d'intéressant sur votre propre agressivité.

Vous n'avez sans doute aucun intérêt à apprendre quoi que ce soit sur l'agressivité, surtout si vous la ressentez comme un « mal ». Pourtant, ce trait de caractère, comme tant d'autres, peut prendre beaucoup de formes différentes. « Bon » ou « méchant » ? Tout dépend du contexte et de l'expression de cette agressivité. Tempêter contre vos associés est agressif, mais prendre l'initiative ou défendre ce que l'on croit être juste peut l'être tout autant.

Si vous désavouez votre agressivité, vous perdrez l'énergie nécessaire pour accomplir notamment ces actes-là.

ANGOISSE N° 93 — L'AGRESSIVITÉ

Nous avons parfois l'impression qu'une foule de gens nous en veut et s'apprête à nous agresser. Parfois, cela s'avère vrai.

Les recruteurs, par exemple, torturent accessoirement les candidats. Ils leur demandent de répondre à des questions stupides, les font s'asseoir sur des chaises bancales ou ouvrir des fenêtres complètement verrouillées.

Imaginez un peu.

Vous passez un entretien avec une affreuse harpie, du style de Rosa Klebb (cf. *Bons baisers de Russie*). Elle vous poursuit autour du bureau et tente de vous donner des coups de pied.

Ordinairement, vous ne détestez pas les avances lors des entretiens, mais le talon de ses escarpins contient du poison. Pour vous protéger, vous prenez une chaise et vous épinglez la recruteuse au mur. Comme elle se débat encore pour vous atteindre de ses pieds, et que ses escarpins sont vraiment trop moches, vous êtes contraint de l'abattre.

Après la manière magistrale avec laquelle vous venez de boucler cette entrevue, vous vous sentez plus fort que jamais, mais n'êtes pas sans inquiétude. Que se passera-t-il si l'on ne vous rappelle pas pour le deuxième entretien ?

Sally

Être conscient des différents aspects de notre personnalité nous donne le pouvoir… le pouvoir d'être moins inflexible dans nos actions. Ce sont en fait la foule des gens qui nous entourent qui nous fait comprendre notre pluralité, et notamment les gens qui nous énervent.

Récemment, je dirigeais un séminaire d'encadrement sur cinq jours. Tous les soirs, des gens du groupe sortaient pour dîner ou pour prendre un verre. Les activités nocturnes étaient organisées par une femme exubérante, du nom de Sally — ou comme elle l'aurait expliqué elle-même : « Mon nom est Sally !!! et j'adore m'amuser !!! »

Sally !!! donnait l'impression d'être la directrice des divertissements.

Je suis sorti avec le groupe le premier soir mais, le mardi, j'ai décidé de faire quelque chose de mon côté.

« Comment ?! J'ai cru comprendre que vous ne veniez pas avec nous ce soir ? » m'a demandé Sally !!!

J'ai répondu que je dînerais à l'hôtel et Sally !!! a eu l'air choquée. Elle ne comprenait pas : « Mais on va s'éclater ce soir !!! » Elle a continué à jacasser sur la superfête qu'ils allaient faire.

Je n'étais pas certain d'être capable d'autant de gaieté.

(J'aurais préféré qu'elle joue largement en dessous de sa tonalité normale : « On se réunit ce soir, même si personne n'en a vraiment envie. En gros, nous sommes tous d'accord avec Sartre, l'enfer c'est bien les autres, surtout les soirs de semaine. » À quoi j'aurais pu rétorquer : « Ah ouais, chouette idée ! »)

J'ai en revanche expliqué que j'avais du travail et pensais me coucher tôt, ce qui n'était pas faux. Mais à la vérité, je voulais surtout avoir quelques instants à moi.

« Je comprends, continua SALLY !!! Vous venez de loin. Avec ces vols longs courriers, on est toujours complètement décalé. »

Il était clair qu'elle n'appréciait pas mon attitude. De retour dans ma chambre, j'étais en plein conflit interne : j'y vais, j'y vais pas – j'y vais, j'y vais pas. Pendant que je débattais intérieurement, j'ai commandé une salade dans la chambre, regardé un film, puis je me suis endormi.

ANGOISSE N° 94 — DIVERTISSEMENT

Rêve d'un copain : je suis au pique-nique annuel de l'entreprise. Personne n'a apporté de vrais plats, seulement des sandwiches et des gâteaux. Le directeur général s'avance vers moi avec un sandwich à la mayonnaise en m'affirmant qu'il n'a jamais rien mangé de meilleur : « Sûrement en raison du pain moisi », conclut-il.

Les pique-niques d'entreprise sont parfois durs à avaler. Nous avons l'habitude d'avoir des relations figées avec nos collègues, des relations ne sortant pas d'un certain cadre, celui du bureau, et n'ayant qu'un thème : le travail. Tout à coup, nous voilà projetés dans une situation où nous devons passer à une vitesse supérieure et à d'autres thèmes sur un ton jovial. La reconversion n'est pas toujours aisée.

Pourtant, l'entreprise part d'une bonne intention : celui qui a inventé ce pique-nique essayait certainement d'égayer l'atmosphère, de remonter le moral des employés qui trouvaient que travailler pour cette société, « ce n'était pas du gâteau ».

Suis-je vraiment Sally ???

Carl Jung affirme des choses bizarres. Selon lui, une partie de ma personnalité serait comme Sally. Les autres parties de moi ont tout de même du mal à le croire et ça discute ferme.

Minute ! Je ne suis pas du tout comme Sally. Je suis tout l'opposé de l'exubérance. SALLY ME TAPE SUR LES NERFS !

Et alors ?! Si elle vous énerve, vous êtes pris la main dans le sac : cela veut dire que cette partie-là de vous-même vous met mal à l'aise. Hal et Sidra Stone, psychologues, vont plus loin : « Tout ce que vous désavouez [en vous] sera exactement ce que la vie vous donnera en matière de relations humaines. »

En d'autres termes, si j'ai du mal avec mon côté exubérant, je vivrais d'autant plus fortement les multiples occasions de remarquer le côté exubérant des autres. Ce phénomène est tout à fait similaire à ce qui surviendrait si je décidais que je ne voulais plus jamais voir la couleur verte. Le monde deviendrait soudain étrangement verdâtre.

« La relation humaine, poursuivent Hal et Sidra Stone[31], est un moyen de reprendre contact avec ces 'moi' que nous désavouons. »

En quoi cela est-il intéressant ?

Ça l'est parce que ces divers « moi » nous rendent plus complets en tant qu'êtres humains, plus efficaces dans nos relations professionnelles également. Si la personnalité était une langue, la foule d'inconnus que nous côtoyons nous apprendrait à devenir polyglottes.

[31] Tiré d'un stage dirigé par Hal et Sidra Stone qui a donné le titre à l'ouvrage qu'ils ont rédigé : *Votre Critique intérieur : ennemi ou allié* (Souffle d'or, 1994, traduit par Claudine Mafille).

L'objectif est de prendre conscience de cela. Et non de devenir comme Sally.

Dieu merci !

◗ ANGOISSE N° 95 — JE SUIS EN PARTIE IDIOT

E-mails amicaux : ma nouvelle société est très optimiste et gaie. Nous affichons un sourire permanent, nous nous encourageons par de grandes embrassades victorieuses, nos e-mails sont remplis d'« émoticons » et de points d'exclamation amicaux !!! C'est carrément déprimant (:-(!

Allez, souris !!! C'est bon pour la santé. Enfin, si tu souris vraiment de tout ton visage. (;-))

Lorsque vous souriez, le cerveau libère des endorphines qui vous détendent. Le cerveau est comme un pharmacien devenu à moitié fou à force d'avoir été enfermé à l'intérieur d'un crâne à longueur de journée. Il distribue des médicaments au hasard, mais uniquement aux patients souriants. (:-))

Non pas qu'un sourire soit toujours heureux. Le sourire peut se faire également très hostile. Lorsque vous souriez, vous montrez les dents – un signe primitif d'agressivité. Une collègue me racontait que son chat reconnaissait immédiatement ce type d'agression. Lorsqu'elle se mettait en colère, elle montrait les dents et soufflait entre celles-ci. Le chat était terrifié.

COMMENT DEVENIR SALLY ?

Un psychothérapeute vous conseillerait sans doute de vous imaginer devenant Sally.[32]

Cela vous effraie ?

[32] C'est une technique classique, dont le pionnier est le gestalt-thérapeute Fritz Perls.

Si vous éprouvez de réelles difficultés avec une personne, un tel exercice ne peut qu'être bénéfique. Vous êtes obligé de recadrer totalement le personnage car vous changez de perspective.

Vous n'êtes plus à l'extérieur, prêt à critiquer, mais à l'intérieur. Et vous cherchez à vous identifier à l'autre.

Que faire si vous avez affaire à un vrai démon ?

Aucune importance. L'exercice est toujours aussi bénéfique. Vous n'avez pas à tolérer son comportement infernal ; vous cherchez simplement à comprendre ce démon (et peut-être également une part de vous-même).

Revenons à Sally. La consigne est simple : s'imaginer pendant une minute ou deux dans la peau de Sally. L'exercice n'a rien de mystique. Je n'essaie pas de canaliser l'esprit de Sally pour l'attirer depuis je ne sais quelle contrée reculée du cerveau. Il s'agit simplement de se glisser dans le personnage Sally et de jouer son rôle.

Je commence en disant : « Je suis Sally », puis je « la » laisse parler (ce « la » est vraiment cette part de moi qui ressemble à Sally) et je décris la sensation que cela provoque en moi.

Sally : « Je suis pleine d'Énergie !!! Et je peux t'apprendre à t'éclater encore plus. Je suis à l'origine d'une bonne part de ce livre et j'ai déjà commencé à travailler sur la suite : *Comment rester sain d'esprit et autres idées de soirées.* »

On ne peut jamais savoir ce que Sally va inventer.

ANGOISSE N° 96 — FUSIONNER

Rêve d'une connaissance : j'arrive au travail un matin et je découvre que la société vient de fusionner. Les fusions me terrorisent... moi qui aurais du mal à nouer une relation stable avec une tortue.

Il s'agit de la plus grande fusion jamais réalisée. Des posters tapissent le bureau : « Nous sommes désormais N° 1 ! », « Première société mondiale ! »

Avec qui avons-nous fusionné ? Avec tout le monde !

J'appelle mon psy pour un rendez-vous en urgence pendant que j'ai encore un semblant d'identité. Malheureusement, il est en train de fusionner avec un cabinet de pédicure. Ils souhaitent ouvrir un centre qui traiterait les patients « de la tête aux pieds ».

Les sociétés fusionnent à une allure démoniaque. Cela me rend nerveux. Vous vous identifiez à une société X, et elle fusionne avec une société Y.

Comment s'appellera-t-elle demain ? X+Y ? Y+X ? Z ?

Le terme « fusion » sonne tellement intense. Il faudrait un autre mot : « mélange » ? Pas mal, surtout lors des grandes soirées. Le but des mélanges est justement d'éviter que l'autre personne ne vous phagocyte, comme c'est le cas lors des fusions.

Secret interne

Reprenons. Les « emmerdeurs » (appelons-les par leur nom) sont les profs. Le dire ne les rend pas forcément moins pénibles.

Savoir que les gens sont complexes aide un peu. Les « emm... » ne sont pas que « emm... ». Cela n'est qu'une partie de leur personnalité, celle qui nous énerve et que l'on retrouve au fond de nous.

De cette foule de gens, tout individu à l'extérieur de nous est également présent à l'intérieur. Même Sally !

Commentaire de Freud : « Eh, moi aussi je suis à l'intérieur ! J'aimerais bien sortir un peu, de temps en temps. »

◗ ANGOISSE N° 97 — MAIS COMBIEN SOMMES-NOUS LÀ-DEDANS ?

Rêve d'un copain : je participe à une téléconférence internationale en compagnie de vingt personnes. Il est 04 h 00 du matin, la seule heure qui convienne à tous. Les interlocuteurs se joignent petit à petit à la réunion, en annonçant leur nom. Soudain, ma mère qui est morte depuis des années intervient.

— Bonjour, c'est Sylvia, la mère de Michael. J'appelle depuis l'au-delà.

— Bonjour Sylvia, répond le chœur. Quel temps fait-il chez vous ?

Mais ma mère reste très terre à terre. Elle est furieuse d'avoir été dérangée par nos conversations nocturnes.

— Je ne veux plus vous entendre maintenant. Allez, ouste ! Tout le monde au lit.

Le problème de la téléconférence est qu'il s'agit d'une forme complètement différente de communication.

Plus il y a de monde en ligne, plus la conversation est étrange. Trois intervenants, cela reste à peu près normal. Un peu comme si vous parliez à vos deux parents simultanément. À supposer qu'ils soient en vie. Vingt interlocuteurs, cela devient surréaliste : un peu comme si vous écoutiez vos deux parents simultanément.

Les voix se promènent, sans corps, entrent et sortent de la conversation. On ne devrait même plus considérer cela comme une conversation téléphonique, mais plutôt comme une séance de spiritisme.

UN DERNIER POUR LA ROUTE

Jusqu'à présent, nous avons recadré les circonstances (mal)heureuses de la vie, notre ego et la foule humaine. Résumons un peu pour savoir où nous en sommes.

Défi	**Dynamiser nos pensées en se concentrant sur…**
Circonstances (mal)Heureuses	… votre raison d'être et ce qu'elle signifie pour vous, le sens qu'elle donne à votre vie.
Ego	… votre histoire et le rôle de héros que vous y jouez, malgré les difficultés causées par l'extérieur et les défauts présents à l'intérieur.
Foule humaine	… les enseignements à tirer de chaque individu composant cette foule, notamment sur les parties cachées de votre personnalité.

Terminons ce chapitre sur une seule technique, polyvalente, une simple interrogation qui pourrait vous révéler comment recadrer tout et n'importe quoi.

La question (à vous poser à vous-même) est : « En quoi cela peut-il m'être utile ? »

Laura Huxley recommandait cette question dans son livre *You Are Not The Target* en expliquant que « cela » pouvait être n'importe quel point qui serait, à l'origine, en train de nous dominer… de l'agacement, à la catastrophe… Si vous êtes devenu la victime de « cela », comment retourner la situation ?

Laura Huxley va jusqu'à suggérer de se poser la question en tout lieu. Même en face de la porte du frigo, du rétroviseur, d'un écran d'ordinateur, etc. L'idée est d'appliquer l'exercice pour s'en imprégner de sorte que, face à une difficulté, la question revienne automatiquement vous aider.

Elle arrive à la conclusion que les gens extraordinaires le sont souvent parce qu'ils parviennent, de manière créative, à exploiter les mauvaises circonstances à leur avantage.

Comme nous l'enseignait Nietzsche, « ce qui ne me détruit pas, me rend plus fort ».

Essayons d'oublier un instant que Nietzsche est malgré tout décédé depuis longtemps.

ANGOISSE N° 98 — COMMENT CETTE VOITURE DE LOCATION PEUT-ELLE M'ÊTRE UTILE ?

Je ne suis pas un automobiliste particulièrement doué pour la conduite, même dans ma propre voiture. Conduire un véhicule de location est, par conséquent, une torture pour moi.

Problème principal : s'y retrouver dans une nouvelle voiture et dans le parking. Les sociétés de location nous trompent à ce sujet. Elles font comme si elles nous permettaient de choisir la voiture en nous demandant ce que nous aimerions, la couleur… Je réponds toujours « bleu ». Malheureusement, lorsque vous revenez le lendemain, le parking est chamboulé et vous ne retrouvez plus votre voiture bleue.

Et où ont-ils caché le grattoir pour dégager le givre ? Il n'y en a même pas ! Ils sont inconscients ou quoi ? Beaucoup de clients conduiraient des voitures dans n'importe quel état (je parle de l'état de la voiture, pas du conducteur). Ils se disent sûrement que, puisqu'ils l'ont louée sans la voir, ils peuvent tout aussi bien conduire sans y voir.

Pas moi ! Je suis de ces automobilistes qui, de temps à autre, apprécie de voir la route. C'est pour cela que je vérifie en général rapidement les phares. C'est toujours utile de savoir où est la manette des phares.

Sur la dernière voiture que j'ai louée, j'ai décidé de tester les phares de jour. Pendant que je roulais sur l'autoroute, je les allumais, les éteignais… Avant même de pouvoir dire « mais comment passe-t-on en pleins phares ? ! », le véhicule devant moi avait ralenti et se garait sur le bas-côté. Le conducteur était en excès de vitesse, mais j'ai décidé de ne pas verbaliser, pour cette fois.

CHAPITRE 7
GAGNER DE LA HAUTEUR (PDG)

On se rend toujours mieux compte de la situation lorsque l'on est en hauteur. Ronald Reagan le confirmait d'ailleurs dans sa biographie, lui qui trouvait plus facile de résoudre les problèmes dès qu'il montait sur un cheval.

Si j'étais sur un cheval, mon principal problème serait de trouver comment en descendre, même s'il est bon, de temps à autre, d'avoir des activités en plein air. L'air frais nous fait du bien, de même que les horizons nouveaux et l'activité physique. Ce sont les meilleurs moyens d'échapper à la suractivité de nos esprits.

Dans ce chapitre, consacré au détachement, nous nous exercerons à d'autres modes d'évasion.

Contrairement aux deux chapitres précédents, dans lesquels nous avons travaillé notre réflexion de *l'intérieur* (tout d'abord en déracinant nos vieux préjugés, puis en implantant de nouvelles idées), le chapitre 7 nous verra travailler à *l'extérieur* de nos pensées. Nous pratiquerons le détachement de soi pour prendre de la hauteur, pour nous extirper en quelque sorte du magma de nos pensées incessantes et nous élever au-dessus d'elles. Ou, selon le point de vue adopté, les extraire de nous pour les mettre à nos pieds. Ceci est un peu déroutant, je vous l'accorde, car un grand nombre de ces idées ne parlent que de nous… et comme nous ne savons toujours pas qui nous sommes exactement, à part la somme de ces pensées qui parlent de nous… le doute persiste.

Parfois, j'aimerais tant avoir un cheval.

ANGOISSE N° 99 — IMMEUBLES INSALUBRES

Certains immeubles de bureaux sont plus sains que d'autres.

Lorsque l'on pense « immeuble insalubre », on imagine, par exemple, que la tuyauterie ou les murs ne sont pas sains, que l'ascenseur est dangereux et pourrait nous jouer de vilains tours comme s'écraser au sous-sol, pour la plus grande joie des habitants.

Ce serait ça, en des temps normaux, un « immeuble insalubre ».

Or, on peut désormais classer dans cette catégorie les grands immeubles et les tours de bureaux dans lesquels on dénote plus de cas de maladies (dont parfois la légionellose) en raison même du bâtiment, de ses matériaux et du système de climatisation, par exemple. C'est l'ensemble du bâtiment qui semble être malade, et non seulement ses habitants.

Celui dans lequel je travaillais la semaine dernière avait la sécheresse. Un matin, j'ai surpris une conversation à la fontaine d'eau fraîche sur cette maladie dont on ne parle jamais en ces lieux.

— Je suis complètement desséché.

— Ces bureaux sont horribles ; ils pompent toute l'eau du corps. On est à sec.

Cette conversation me hérissa le poil. Nous exerçons tous des métiers qui pompent énormément d'énergie. Mais généralement pas les liquides corporels.

J'ai ensuite lu un article dans la lettre d'information de l'Université de Berkeley sur les effets de la sécheresse de l'air. L'air sec peut « réabsorber l'humidité de toute source disponible : votre peau, votre gorge, l'intérieur de votre nez, ainsi que vos meubles et vos plantes d'intérieur. »

Le jour suivant, j'ai inspecté les plantations du hall d'accueil ; elles avaient triste mine.

De quoi s'inquiètent les montagnes ?

Bien que nous n'ayons pas une traître idée de qui nous sommes, nous savons qui nous ne sommes pas et ce que nous ne sommes pas. Nous ne sommes pas des montagnes.

J'étais donc assez surpris d'écouter une séance de méditation dirigée par un grand maître zen, Thich Nhat Hanh, dans laquelle chacun devait s'imaginer être une montagne.[33] Ce n'est finalement pas très dur. Mais, quel intérêt ?

S'entraîner à être calme. Les montagnes ont une présence établie, stable et sereine. De jour comme de nuit, sous un soleil de plomb ou un déferlement d'orages, les montagnes gardent leur calme.

Cette méditation se déroulait, en gros, selon le schéma suivant :

— Inspirez, montagne (pendant l'inspiration, vous imaginez que vous êtes une montagne).

— Expirez, calme (pendant l'expiration, vous prononcez doucement le mot « calme »).

Dans le chapitre précédent, nous sommes parvenus à imaginer être James Bond. Ce n'était pas si difficile, n'est-ce pas ? Nous pouvons donc nous identifier à cet espion, à une montagne ou à quoi que ce soit d'autre tout en sachant en permanence que nous ne sommes pas ceci ou cela.

[33] Cassette d'aide au développement personnel *The Art of Mindful Living*.

Nous nous identifions donc à une montagne... quand, soudain, surgissent le blizzard, une avalanche et la borréliose de Lyme. Heureusement, nous ne nous sentons pas trop concernés car nous savons que nous ne sommes pas vraiment une montagne. Cela nous permet d'avoir un sentiment agréable de détachement par rapport à notre situation.

Ce serait agréable de pouvoir être aussi détaché de notre moi ordinaire, celui qui a un nom, un visage, un âge, etc. Celui qui a tant de soucis et un gros problème : la mort.

Réfléchir à la mort me fait comprendre à quel point je suis attaché à ma petite personne. J'en arrive à ne plus supporter d'avoir le rhume. La simple pensée d'un refroidissement me fait consommer des quantités monstrueuses de vitamine C.

Je ne sais jamais trop si la vitamine C a de l'effet contre le rhume, mais je suis certain qu'elle n'en a aucun contre la mort.

ANGOISSE N° 100 — LA MORT

On pouvait lire récemment dans le *Wall Street Journal* que les sociétés incitaient les employés à penser à l'inévitable.

Le problème serait, apparemment, que la plupart d'entre nous repoussons l'organisation de notre disparition jusqu'à ce qu'il soit trop tard. Nous devrions nous y prendre plus tôt, avancent les spécialistes.

Certes, mais lorsque j'imagine comment un manager aborderait ce sujet délicat sur le lieu de travail, j'arrive à ceci :

— J'ai beaucoup réfléchi à ton amortissement, Jim.

— Ah bon ?!

— L'amortissement n'est pas une mauvaise chose, tu sais.

— Non, probablement pas, surtout d'un point de vue fiscal.

— Tout perd de la valeur, les usines, les bâtiments, le matériel, etc.

— Sauf la terre peut-être… Je ne suis pas sûr que la terre se déprécie. Je ne vois pas pourquoi elle se déprécierait.

— Ce que je veux dire par là, Jim, c'est que toi aussi tu as perdu de la valeur.

— Qu'est-ce que vous essayez de me dire, Monsieur le directeur ?

— Jim, ta durée de vie est à peu près égale à celle d'une pomme de terre… Je sais que c'est difficile d'aborder ce sujet, mais mieux vaut parler de la mort pendant que tu es encore au travail que de parler de travail pendant que tu es déjà en train de mourir.

Le directeur rend visite à Jim, sur son lit d'hôpital.

— Alors, combien de temps ils te donnent ?

— Assez peu. Ils affirment maintenant que ma durée de vie est celle d'une salade de pommes de terre.

— Ça ne fait pas beaucoup, mais ça devrait te laisser le temps de rédiger la proposition pour ACME. J'en aurais besoin pour mardi, à supposer que tu sois encore parmi nous.

Quand il y en a pour deux, il y en a pour deux cents

Savoir se détacher de sa petite personne (moi) consiste à se détacher de ses propres pensées (puisque ce moi existe en grande partie par l'intermédiaire de ses pensées).

La philosophie Zen a une histoire à propos de toutes ces réflexions qui occupent notre moi.

Un jeune homme, recherchant la lumière intérieure, rencontre un maître d'une grande sagesse. Bien qu'ils ne se connaissent que depuis peu, le jeune homme ne cesse de parler, de se raconter. Au bout d'un moment, le maître lui offre du thé. Il remplit la tasse de son invité, mais continue de verser alors que la tasse est pleine. Il verse, verse, et verse tant et si bien que le thé déborde abondamment sous les yeux effarés du jeune homme.

Finalement, celui-ci ne peut plus se retenir : « Mais, enfin, que faites-vous, maître ? » demande-t-il au sage que la question ne semble pas perturber — à moins qu'il ne soit simplement qu'un inconditionnel acharné de thé.

« Votre esprit, explique le maître, est comme cette tasse. Trop plein. La lumière ne vient pas en remplissant sa tête, mais en apprenant à la vider. »

J'aime bien cette histoire. Il est si facile de s'identifier à ce jeune homme qui pense et parle trop — et tout aussi facile de se rapprocher du sage, notamment quand il verse le thé n'importe comment.

ANGOISSE N° 101 — PAGAILLE

Certains directeurs arrivent à éviter que la pagaille n'envahisse leur bureau. Ils me font peur. Ils semblent si organisés, si « au-dessus de tout ». C'est comme s'ils avaient en permanence accompli tout leur travail pour toujours. J'ai souvent peur qu'en me voyant entrer dans leur bureau, ils décident au premier coup d'œil que je fais pagaille et qu'ils en ont fini avec moi.

Comment gardent-ils leur bureau impeccable ? Vous le savez ? Moi, non ? Où rangent-ils toute cette pagaille ? Dans les tiroirs ? Les placards ? Je donne ma langue au chat. Je préfère ne pas y penser.

Sous le sofa ?

Ma pagaille à moi consiste principalement en d'innombrables amas de papier. Je suis donc très étonné que les journaux annoncent pour l'avenir « l'ère du bureau sans papier ».

J'ai découpé les articles à ce sujet et j'en ai fait une pile. Il se pourrait que je les classe, si je retombe un jour sur ce tas. C'est ma technique : entasser, classer, entasser, classer...

Le bureau sans papier ? Jamais. Pas pour moi en tout cas.

L'idée d'un bureau sans papier me semble si aride, stérile... comme si l'on saisissait tous mes meubles. C'est une part de moi qui me parle.

Non, cela n'arrivera jamais. En dépit des ordinateurs et des communications électroniques plus faciles, les bureaux utilisent de plus en plus de papier chaque année. J'ai également lu cela dans les journaux — et j'ai conservé l'article... quelque part !

À PERDRE LA RAISON

Un bon moyen pour se détacher de ses pensées (pour se « vider la tête ») est de s'entraîner à se concentrer pendant quelques minutes sur nos sens, sur ce que nous voyons, entendons, sentons, touchons ou goûtons. Cela oblige à reporter notre attention sur le moment présent.

Notre esprit se balade souvent entre passé et avenir alors que notre corps est toujours dans le présent (c'est pourquoi l'activité physique est un moyen d'évasion pratique pour les esprits trop actifs).

Naturellement, cela ne signifie pas que nos pensées disparaissent complètement mais simplement que nous demandons à notre esprit de se concentrer encore et toujours sur le moment présent.

Fritz Perls conseillait d'ailleurs de perdre la raison pour mieux retrouver ses esprits.

Je me rappelle avoir regardé un programme télévisé avec Bill Moyers, mon journaliste préféré, sur un thème similaire : faites attention à vos sens. (Lorsque je dis « avec Bill Moyers », je n'étais pas assis sur le canapé en compagnie de Bill Moyers, même si sa visite m'aurait fait plaisir. En fait, il participait simplement à l'émission.)

Bill Moyers s'entretenait sur les raisins secs avec le docteur Jon Kabat-Zinn, directeur d'un centre de gestion de stress à l'université du Massachusetts.

Le docteur Zinn avait l'habitude de commencer ses séances de gestion de stress en donnant à chaque participant un seul et unique raisin sec. Il demande à chacun de regarder le raisin — de noter sa couleur, sa forme, sa texture — comme s'il contemplait pour la première fois un tel objet. Les stagiaires mangent ensuite leur raisin doucement pour en tester le goût, à chaque nouveau coup de dents.

La lenteur de cet exercice a le don d'énerver la plupart des gens et de leur faire comprendre qu'ils ne savourent généralement jamais le goût des bons raisins de Corynthe tellement ils sont occupés à les manger.

Personnellement je n'aime pas les raisins secs, mais j'ai bien aimé cette émission et j'étais tellement absorbé par la contemplation des participants, que j'en ai renversé ma tasse de café.

ANGOISSE N° 102 — REVENIR ENCORE ET TOUJOURS AU TRAVAIL

Le *Wall Street Journal* rapporte que 33 % de personnes en plus meurent d'une crise cardiaque au travail le lundi par rapport aux autres jours de la semaine. Heureusement, l'article a paru un jeudi.

C'est dur les lundis. Il est déjà difficile de retourner

travailler lorsque le cœur n'y est pas, mais c'est encore plus dur s'il s'y oppose et nous fait une attaque.

(Quelles autres parties du corps peuvent ainsi vous attaquer ? Parfois, l'un de mes pieds semble faire le mort, il est tout engourdi, mais il ne m'a jamais fait sa crise.)

Le « lundi » paraît si réel, si terre à terre. C'est aussi pourtant un symbole conceptuel, un état d'esprit — qui existe sans exister.

Le lundi, j'essaie de passer des coups de fil sans importance. J'ai lu cette astuce dans un livre sur la vente : ne jamais appeler les clients le lundi. Quels qu'ils soient, ils seront sûrement en état de choc.

Il faudrait probablement raccourcir la semaine de travail à 4 jours, en enlevant le lundi. Nous serions plus reposés et mieux préparés à l'attaque cardiaque du mardi.

Exercice de prise de conscience

L'exercice du raisin sec consiste à apprécier les petits plaisirs du quotidien, ce qui est difficile si vous êtes sans arrêt perdu dans vos pensées, et comme qui dirait « absent » tout en étant bien présent.

Il est souvent plus facile de penser aux raisins secs que de les goûter.

Vous êtes persuadé de ne jamais avoir quitté le présent ? Si vous n'avez pas de raisin sec sous la main, essayez cet autre exercice. Il met l'accent sur la différence qui existe entre penser et ressentir.

Dites tout haut : « En ce moment je suis conscient de… » et remplissez les blancs.

Faites cela pendant plusieurs minutes, sans aucune pause, pour voir si vous arrivez à suivre le cheminement de votre conscience minute après minute.

Démonstration :

En ce moment, je suis conscient…

… de mes doigts qui tiennent le stylo… de ma réflexion (« pourquoi est-ce que je tiens ce stylo »)… du bruit de la pluie… de ma réflexion (« il faudrait que je tape le premier jet à l'ordinateur »)… de mes pieds sur la moquette… de ma réflexion (« je déteste mon PC »)… de ma réflexion (« j'ai sûrement eu une pensée plus intéressante que la dernière que j'ai citée. Ou que celle-ci »)… de la sensation d'être assis… de ma réflexion (« cette chaise est morte. Il faudrait en faire un bon feu »)… de ma réflexion (« dommage qu'on ne puisse pas non plus allumer un feu avec mon PC »)…[34]

À mesure que vous suivez le fil de vos pensées, avez-vous remarqué l'équilibre entre réflexion et sensation ?

ANGOISSE N° 103 — L'ÉQUILIBRE

Rêve d'un ami : je quitte mon boulot pour rejoindre un cirque. J'y travaille comme jongleur. Mon numéro consiste à jongler avec trois téléphones portables, un ordinateur portable et divers membres de ma proche famille.

Dans les bons jours, j'arrive également à jongler avec le cardiologue… Je ne suis pas dans un bon jour, je n'arrête pas de laisser tomber le cardiologue. Monsieur Loyal a l'air dégoûté.

« Vous appelez ça de la jonglerie ? N'importe qui peut faire cela. Continuez comme ça et je vous confie le rôle

[34] C'est Fritz Perls qui a inventé cet exercice bien connu. Il doit être réalisé très rapidement, même s'il est difficile de garder le rythme de ses pensées, qui changent extrêmement rapidement. Abrégeons-le dans sa formulation. Par exemple, chaque fois que vous remarquez une pensée (un souvenir, un rêve, etc.), dites simplement « pensée » et continuez. La démonstration ci-dessus donnerait : stylo, pensée, pluie, pensée, pied, pensée, pensée, assis, pensée, pensée.

de l'homme-canon, pour vous expédier le plus loin possible de la piste. »

M. Loyal a raison, tout le monde peut être multitâche. L'exceptionnel serait plutôt d'arriver à se concentrer sur une seule chose à la fois. Ainsi, pendant que j'écris ceci, je réfléchis à l'achat d'un nouvel ordinateur. Avec quel genre de portable jongliez-vous, au fait ? Ça pourrait m'intéresser.

Vous vous souvenez des éléphants ?

Vous avez remarqué comment ces 60 000 pensées par jour détournent encore votre attention au mauvais moment. Bien entendu, notre but n'est pas d'arrêter totalement de penser, puisque nous sommes payés pour cela et que, par moments, c'est même plutôt rigolo de réfléchir. De toute façon, nous ne pouvons pas nous en passer. C'est tout ce que j'essayais de vous prouver avec mes éléphants lors d'un précédent chapitre. Vous vous rappelez : ces éléphants auxquels nous n'arrêtions pas de penser.

Tout ce que nous pouvons faire est de rétablir un certain équilibre entre la réflexion et la sensation, entre nos inquiétudes sur le passé et celles sur notre avenir… pour mieux apprécier le présent.

Bref, il nous est possible de restaurer un certain équilibre entre les gros soucis de la vie qui nous guettent (les éléphants) et les simples petits plaisirs quotidiens (les raisins secs).

Les pensées retiennent notre attention d'un bout à la l'autre de la journée. Il nous faudrait simplement trouver le moyen de desserrer leur étau.

◗ ANGOISSE N° 104 — JE N'AI PAS D'OBJECTIF À LONG TERME

J'ai lu que l'un des directeurs généraux de la société Coca-Cola avait planifié son accession à ce poste une bonne dizaine d'années à l'avance. D'après le magazine *Fortune*, il aurait même inscrit cet objectif dans ses tablettes, avec une date en regard.

Les histoires comme celle-là me rendent malade.

Je ne deviendrai probablement jamais DG, et encore moins PDG, d'une grande entreprise, même si je planifiais tout et que j'inscrivais cela dans mon plan décennal.

D'ailleurs, je ne suis pas sûr de vouloir devenir PDG de Coca-Cola. Ce n'est pas parce que je respecte le coca-cola en tant que boisson et Coca en tant que grande firme internationale que je dois en devenir son principal dirigeant. Ça n'est pas du tout noté sur mon emploi du temps. Si je devais l'y inscrire, ce serait sous une forme plutôt interrogative : Coca ???

Dans un premier temps, plutôt que de le marquer sur ma liste d'objectifs à long terme, je ferais mieux de l'ajouter à la liste des commissions.

LA PEUR DE VIVRE

Voici un bon exemple de la geôle que constituent nos pensées. (Nous verrons plus tard comment s'en évader.)

Je suis dans un avion, j'attends le décollage lorsqu'une pensée inopinée me traverse l'esprit : CET AVION VA S'ÉCRASER AU SOL !

Tout le monde est un peu nerveux à l'idée de prendre l'avion ces derniers temps. Pour ma part, je continue de voyager souvent par les airs et cela ne me dérange généralement pas.

C'EST SANS DOUTE UNE PRÉMONITION.

Qu'est-ce exactement qu'une prémonition ?

L'avion est toujours sur la piste, je devrais descendre.

ALLEZ, DESCENDS, TOUT DE SUITE, PENDANT QU'IL EN EST ENCORE TEMPS !

Ça n'est pas si facile. J'ai un rendez-vous à l'autre bout du pays dans quelques heures à peine. Comment expliquer mon retard ? En jurant qu'il fallait que je prenne le vol suivant car le premier vol prévu allait avoir un accident ?

D'un autre côté, si je ne descends pas et que le crash a réellement lieu, mon retard sera irrattrapable.

ANGOISSE N° 105 — TURBULENCES

« De petites turbulences sont à prévoir durant notre vol », annonce le commandant de bord.

Quel que soit le problème réel, ils appellent toujours cela de « petites turbulences » — alors qu'elles ne sont pas forcément si petites que cela. Dites-vous bien une chose : les fortes turbulences qui éjectent votre petite tablette par le petit hublot n'existent pas.

Les bagages sont en train de voler à l'intérieur de la cabine, les hôtesses naviguent de biais dans le couloir et les voyageurs rebondissent comme des sauterelles sur leur siège… Qu'importe, « mesdames et messieurs, nous traversons actuellement une petite turbulence ».

À tel point que j'en ai consulté un dictionnaire. Turbulence signifie : agitation désordonnée, bruyante et violente. Techniquement parlant, c'est loin d'être petit.

J'aimerais une fois dans ma vie rencontrer un commandant de bord expressif, voire un petit peu émotif, qui se décomposerait au moindre petit trou d'air.

« Mais que se passe-t-il ? Vous avez senti ça ? Je suis sûr que oui. C'était terrible, je déteste ces trous, ils ne me disent rien qui vaille. »

Sortez de prison, libérez-vous

Souvent, lorsque nos pensées nous emprisonnent, nous n'en avons pas conscience — trop occupés que nous sommes à nous focaliser sur notre idée fixe sans nous rendre compte que, justement, elle nous fige à l'intérieur même de notre réflexion.

C'est pourquoi il est si important de faire des pauses mentales tout au long de la journée pendant lesquelles nous revenons délibérément au moment présent. Ceci permet de rompre le fil de nos pensées qui nous étranglerait sinon peu à peu.

Vous pouvez, par exemple, faire plus attention aux sensations physiques liées à vos gestes : marcher dans le couloir, boire une tasse de café, manger une banane.

(Conseil : n'essayez pas de faire tout cela à la fois.)

Ramener doucement ses pensées vers ce que l'on ressent spécifiquement à l'instant présent tranquillise l'esprit. La détente est assurée.

Dans un avion, fermez les yeux quelques minutes et concentrez-vous sur votre respiration. Essayez de compter les inspirations ou les expirations. Dès que vous atteignez dix, repartez à zéro. Repartez également à zéro si vous perdez le fil.

Il y a tant de façons de s'exercer à respirer calmement. Au lieu de compter les inspirations, vous pouvez les coordonner avec la répétition d'un mot ou d'une phrase. Choisissez ainsi un mot comme *calme* ou *confiance*, qui représente une qualité que vous essayez de cultiver, ou une expression qui ait une signification spirituelle spécifique et répétez ces mots dans votre tête à chaque expiration. Inspirez ensuite entre deux énoncés.

Autre variante, plus longue. Bien que ce chapitre mette l'accent sur les petites pauses mentales, beaucoup de gens pratiquent ces exercices de relaxation pendant dix à trente minutes.

Des pensées s'immiscent forcément dans l'esprit pendant ce type d'exercices, mais au lieu de vous retrouver *coincé* à l'intérieur de celles-ci, vous pouvez vous reconcentrer sur votre respiration et gagner de la hauteur, comme si vous étiez une plume poussée par votre respiration. Vous vous détachez de vos pensées (même si vous n'en avez pas du tout conscience). « Ah, revoilà cette idée du crash… »

Ce n'est plus qu'une pensée supplémentaire au milieu d'un défilé d'idées : « l'avion va s'écraser »… « j'ai soif »… « je me demande quand est-ce qu'ils servent les boissons dans cet avion… »… « je prendrais bien un petit café avant que l'avion ne descende en piqué… »

◗ ANGOISSE N° 106 — LE PRÉSENT A DISPARU !

Je déteste avoir à changer l'heure des réveils, notamment lorsque le passage à l'heure d'été nous fait perdre soixante précieuses minutes.

Ça se passe toujours en pleine nuit, en catimini, à une heure où personne n'est assez réveillé pour s'insurger.

Le premier lundi de l'heure d'été, les accidents de voiture augmentent de 7 % au Canada. C'est du moins ce qu'annonçait le *Wall Street Journal*.

Pourquoi au Canada ? Apparemment, dans les autres pays, les gens sont tellement perturbés par le changement d'heure qu'ils se réveillent le lundi matin en se disant qu'ils sont bien trop fatigués pour aller travailler et qu'il vaut mieux aller se balader en voiture… Et pourquoi pas au Canada ?

Nous manquons de sommeil. Avant l'avènement de l'électricité et de l'ampoule, les hommes dormaient en moyenne neuf heures et demie par nuit.

Je ne sais pas combien d'heures de sommeil nous cumulons aujourd'hui, mais une chose est certaine : je suis trop fatigué pour essayer de trouver la réponse.

Concentrons-nous sur l'assise

Les variations sur le thème des pauses mentales ne manquent pas. Cette variété a du bon car la même technique n'est pas aussi efficace chez tout le monde. Même si vous aimez plus particulièrement une méthode, il est parfois plus facile de maintenir le contrôle sur son attention en variant les exercices.

Vous pouvez, comme nous venons de le voir, rassembler vos esprits autour de vos sensations et perceptions physiques, autour des gestes que vous effectuez.

Admettons que vous soyez toujours à l'intérieur de l'avion. Les gestes sont réduits, puisque vous restez assis. Pas de problème ! Concentrez-vous sur la sensation de votre assise : la pression de votre poids sur le siège suffira. Si vous remarquez qu'une pensée essaye de s'infiltrer, reportez votre attention sur le siège.

Certaines idées ont le don de s'imposer malgré vous. Certaines concerneront sans doute le siège, mais il y a une différence profonde entre sentir le siège et penser au siège.

« Je me demande si le coussin du siège ferait un bon flotteur ou s'il coulerait à pic » est une pensée, pas une sensation. Oublions le siège et essayons autre chose.

ANGOISSE N° 107 — Une bonne assise

Combien de temps pouvons-nous rester assis ? D'après un sondage publié dans le *Wall Street Journal*, le cadre moyen passe environ sept heures et demie par jour assis.

Vous avez bien lu : sept heures et demie ! Ça fait beaucoup et c'est très mauvais pour le dos. Protestez ouvertement lorsqu'on vous dit que vous avez un boulot de planqué, bien confortable, parce que vous êtes assis la plupart du temps à votre bureau. En vérité, rester assis est éreintant.

Il est essentiel de se lever et de bouger régulièrement. Facile à dire et à faire si vous partagez votre bureau avec vous-même, mais beaucoup plus difficile lorsque vous êtes en réunion.

Se lever en pleine réunion est tabou. Nous sommes pour la plupart entraînés depuis l'école à rester assis et à ne pas nous lever sans avoir préalablement demandé la permission. Apprendre à rester assis quoi qu'il arrive est La leçon avec un grand L de l'école. Vous pensiez qu'on vous enseignait la géométrie, la chimie ou la littérature... Eh bien non ! Qui se souviendra de ce bachotage une fois les diplômes obtenus ?

Personne ! Alors que tout le monde aura appris à réfréner son envie de ramper sous la table, de sauter à droite et à gauche ou de courir dans la classe.

J'ai récemment passé toute une après-midi assis lors d'une réunion entre un PDG et ses cadres dirigeants. À 15 h 00, un assistant a apporté un énorme bol de pop-corn, qui sentait tellement bon que le goût nous en venait à la bouche. Le bol attirait tous les yeux, mais personne ne bougeait. Quelle agonie !

Finalement, à 15 h 15, le président s'est levé et s'est servi. En une minute tout le monde était sur pied et gobait du pop-corn. Nous sommes ensuite tous revenus à nos chaises, et nous nous sommes rassis !

Concentrons-nous sur les sons

Se concentrer sur les sons est un autre moyen rapide de se libérer l'esprit. À tout moment, ou presque, il est possible de fermer les yeux et de se détendre au milieu des sons les plus lointains.[35] Tous les sons sont bons.

Le maître zen Thich Nhat Hanh suggère de pratiquer l'exercice avec la sonnerie du téléphone. Laissez la première sonnerie pénétrer votre esprit pour le vider, comme s'il s'agissait d'une cloche tibétaine appelant à la méditation. (Répondez ensuite quand vous voulez au téléphone.)

Un autre maître zen, Charlotte Joko Beck, médite au son de la circulation.

En avion, vous pouvez simplement laisser les divers sons se glisser en vous pendant une ou deux minutes. Détendez-vous en suivant leur musique, même si elle est des plus étranges et mécaniques.

Il existe également une différence entre écouter un son et essayer de l'identifier, de l'étiqueter.

« On dirait un bruit de moteur qui tombe en panne, là sur ma gauche » n'est pas un son que vous écoutez. C'est une idée que vous vous faites.

Écoutez, tout simplement.

◗ ANGOISSE N° 108 — Les téléphones portables

Jérémiade d'un ami : mon patron est un fou du portable. En fait, nous ne pouvons discuter ensemble que lorsqu'il m'appelle de son portable pendant qu'il conduit. Est-ce vraiment le bon moyen pour communiquer ?

[35] J'ai appris cet exercice facile et efficace dans une association pédagogique à but non lucratif.

Non, bien entendu, mais qui a dit que le but était de communiquer ? Le véritable objectif lorsqu'on appelle quelqu'un en roulant est de prendre deux activités ennuyeuses au possible (téléphoner et conduire) pour les réunir en une seule action intrépide, relevant de l'impossible. Le problème est que vous êtes coincé au bureau pendant que votre patron relève un défi passionnant et s'amuse comme un petit fou.

Mon conseil : acheter une paire de rollers en ligne. Dès que votre patron vous appelle, chaussez vos rollers et commencez à circuler dans les couloirs, téléphone en main. Inutile d'essayer de communiquer, contentez-vous d'éviter les obstacles pour ne pas occasionner d'accidents.

Savoir s'exercer sans forcer

Lorsque vous vous entraînez à reporter votre attention sur autre chose que vos pensées, votre attitude doit être passive.[36] En d'autres termes, vous devez pratiquer ces exercices sans forcer. Le but n'est pas d'essayer de faire quelque chose. Il n'y a pas de but, en fait. Obtenir un nombre réduit de pensées n'est pas mieux ou pire que d'en compter une multitude.

Ce qui importe est de revenir au présent, encore et toujours.

Dès que vous remarquez une pensée, recentrez votre attention sur votre respiration ou sur un son lointain ou sur la tâche que vous êtes en train de faire. C'est là toute l'astuce : ramener son attention gentiment, sans s'égosiller intérieurement par un méchant rappel à l'ordre.

[36] Cette phrase est du docteur Herbert Benson, qui a fait des recherches sur les bienfaits physiologiques de la réponse à la relaxation, à laquelle il a consacré un livre. Il a par ailleurs écrit bien d'autres ouvrages.

Cela doit venir sans forcer, comme si vous laissiez déborder votre tasse de thé.

ANGOISSE N° 109 — À LA DÉRIVE

Soyons honnêtes : professionnellement parlant, nous sommes pour la plupart complètement à la dérive. (Nautiquement parlant aussi j'imagine, mais je n'en mettrais pas ma main à couper car je ne possède pas de bateau – probablement en raison de ma dérive professionnelle.)

Revenons à nos carrières. Sans doute sommes-nous tombés dans une quelconque marmite lorsque nous avons débuté notre vie professionnelle et, des années plus tard, nous surnageons toujours dans le même bouillon alors que nous ambitionnions de conquérir le monde.

Terrifiant ! Non, je ne parle pas de la dérive, qui serait pour le coup plutôt relaxante. C'est notre ambition qui me terrifie.

Or, ambition et dérive ne vont pas forcément bien ensemble.

N'allez pas croire que vous pouvez simplement dériver comme cela, sans effort et sans but, pour le restant de vos jours. Tôt ou tard, il vous faudra un plan. En effet, comment voulez-vous sinon être sûr d'aller nulle part ! Avant que vous n'ayez le temps de dire « ouf », votre ambition reprendra le dessus et vous vous retrouverez à faire quelque chose de stupide comme mettre à jour votre curriculum vitae ou acheter un bateau.

En fait, il est probablement utile d'être équilibré. Il n'y a rien de mal à avoir de l'ambition, mais dériver non plus n'est pas obligatoirement un défaut.

(Sur le terrain professionnel, j'entends. Sur la mer, c'est la nausée assurée.)

À LA PREMIÈRE SONNERIE DU RÉVEIL, ALERTE GÉNÉRALE

Il est important de revenir à nos sens de temps à autre dans la journée.

« Je pense que, pour la plupart d'entre nous, la vie commence chaque jour vers 7 h 00 du matin par la sonnerie du réveil et une foule de soucis et de problèmes qui nous assaillent : nous sommes donc un peu tendus… À 8 h 00, nous entendons à la radio une nouvelle qui nous affecte, et nous nous tendons un peu plus… Vers 9 h 00, quelqu'un nous jette un regard bizarre, et la tension augmente encore un peu… Or lorsque vous êtes déjà tendu, un même stress provoque de votre part une réaction bien plus forte.

Si vous reveniez à votre corps et que vous faisiez attention à ses réactions vers, disons, 8 h 30 du matin, vous vous rendriez peut-être compte que vos épaules sont déjà un peu contractées. Et, si vous preniez une bonne respiration et que vous les laissiez se détendre ? Au lieu d'accumuler progressivement de la tension tout au long de la journée, si vous pouviez vous rappeler de redescendre parfois dans votre corps pour sentir, regarder ou écouter le monde autour de vous et en vous, à la fin de la journée, vous vous sentiriez probablement moins tendu. »[37]

Revenir à ses sens nécessite que l'on décide, délibérément, de s'arrêter un moment. Attendre d'avoir fini une activité pour se poser ainsi un instant est sans doute le meilleur moment : par exemple, après être arrivé en voiture au bureau (et avant de sortir de la voiture), ou après une réunion, un coup de fil ou la lecture d'un e-mail. Le plus dur n'est pas de trouver le bon moment, mais de se dire : « Stop ! »

[37] *Living the Mindful Life*, Charles Tart.

STOP

ANGOISSE N° 110 — ARRÊT IMPOSSIBLE, CAUSE HEURE DE POINTE !

Cauchemar d'un ami : l'heure de pointe dure toute la journée. Chaque fois que je demande l'heure à mes collègues de bureau, ils me répondent : « L'HEURE DE POINTE ! L'HEURE DE POINTE ! », puis ils se précipitent vers le hall comme s'ils étaient poursuivis par un monstre.

Légalement parlant, l'heure de pointe n'est censée durer que du moment où vous vous réveillez au moment où vous arrivez au travail. Le concept est simple : réveillez-vous d'abord le plus tard possible — ces dix minutes de sommeil en plus seront cruciales, vous aurez besoin d'énormes réserves d'énergie pour participer pleinement à l'heure de pointe.

Une fois debout, vite, vite, vite. SINON VOUS ALLEZ ÊTRE EN RETARD. Sortez de chez vous MAINTENANT. Faites comme si la maison était en feu, comme si vous aviez le feu aux fesses. Attention, prêt, partez. La vitesse recommandée pour l'heure de pointe est équivalente à celle de l'évacuation en cas d'incendie. Circulez, y a rien à voir !

Une fois arrivé au bureau, buvez autant de café qu'il vous est possible d'en avaler. Café, café, café. Vous devez boire près d'un litre et demi de liquide par jour, mais personne n'a dit que ce devait être de l'eau. Pourquoi pas du café ? Café, café, café, et encore café. Je viens d'en boire plusieurs tasses moi-même ? On ne dirait pas, si ?

C'est bon ! Maintenant, vous pouvez ralentir. Mais ralentissez, bon sang ! Comment ça, vous ne pouvez plus ralentir ? Ce n'est pas normal. Avez-vous déjà vu des animaux s'affoler ainsi en permanence. Je vous l'accorde : parfois, c'est le troupeau entier qui caracole — mais cela n'a rien à voir avec le fait d'être pressé par le temps.

1re vache : je n'arrive pas à croire que j'ai passé la matinée entière à brouter.

2e vache : arrête de retourner le couteau dans la plaie, tu m'angoisses. Annulons la pause rumination de cette après-midi, on la remplacera par quelques heures de galopade effrénée.

Gagner de la hauteur en se délestant de ses inquiétudes

Il arrive également que nous ne voulions pas nous arrêter. Au lieu de nous apaiser, une pause nous obligerait à prendre conscience de tous nos soucis, de tous ces éléphants qui pèsent sur notre vie.[38]

Nous avons déjà parlé de la façon de travailler sur ces inquiétudes (chapitre 5) en pourfendant les pensées irrationnelles qui les sous-tendent. Mais, supposons que vous n'ayez pas envie de faire cela à l'instant même ! Tout ce que vous souhaitez, c'est alléger un peu le fardeau.

Le psychologue Gene Gendlin propose une solution pour lâcher un peu de lest : imaginez que vous déposiez par terre chacun de vos soucis, un à un, comme si vous posiez au sol de grosses valises. Posez-les par terre, à côté de vous. Déchargez-les, une à une, pour vous soulager !

Vous en transportez peut-être une bonne demi-douzaine, dont certaines pèsent très lourd ; d'autres sont plus légères. À mesure que vous les déchargez, imaginez que vous les étiquetez : « carrière qui piétine » ; « sentiment familier de vide interne » ; et enfin « regard méchant lancé par le collègue X ce matin ».

Imaginez-vous maintenant debout, à côté de tous ces paquets encombrants et ces sensations fortes. Vous les regardez de toute votre hauteur et vous vous sentez déjà

[38] L'un de mes soucis concernait cet avion qui voulait sans cesse descendre en piqué. Finalement, il n'en a rien fait. J'espère que je ne vous ai pas transmis mon angoisse des transports aériens.

beaucoup plus détendu, plus à l'aise. Vous ne vous en êtes pas totalement débarrassé, mais vous avez au moins fait un peu de place à l'intérieur de vous-même, pour vous-même.

Voyons si vous pouvez rester, comme le suggère Gene Gendlin, agréablement détaché de ces problèmes pour ne serait-ce qu'une minute ou deux.[39]

Vous pourriez vous dire : « OUF, ÇA EN FAIT DES SOUCIS TOUT ÇA. HEUREUSEMENT QUE ÇA NE M'ATTEINT PAS ET QUE, DANS MON IMAGINATION, C'EST MOI QUI JOUE LE RÔLE DE LA PERSONNE TOTALEMENT DÉTACHÉE. »[39]

ANGOISSE N° 111 — TROP DÉTACHÉ

Songe d'un inconnu : j'assiste à une réunion où tout le monde doit avoir une opinion sur tout. Le cadre qui préside la réunion me demande soudain mon avis sur l'idée de Mélissa, qui souhaite ouvrir une nouvelle usine de chaussures de sport dans un pays lointain. Question de confiance : il veut que je lui cite le nom de la capitale de cet État.

Malheureusement, je n'ai aucune idée de ce qui se passe. Qui est cette Mélissa ? Pourquoi veut-elle ouvrir une usine de chaussures si loin ? Travaillons-nous vraiment dans ce secteur ? Je pensais que nous étions dans l'assurance-vie.

Se détacher de ses pensées ne veut pas dire planer ! Si cette réunion se déroulait dans la vie réelle, vous auriez à prendre au moins l'une des trois mesures ci-dessous.

1. Répétez la question afin de gagner du temps. « Qu'est-ce que je pense de l'idée de Mélissa d'ouvrir une usine de chaussures de sport ? » Poursuivez ensuite votre réflexion : « Ce n'est pas ce que je pense qui compte, mais ce que pensent les habitants de cette ville inconnue.

[39] Le docteur Gendlin a notamment écrit *Au centre de soi : mieux que se comprendre, se retrouver* (Le Jour, 1983).

C'est pourquoi je vous quitte immédiatement pour aller leur poser la question. »

2. Faites un commentaire à la fois logique et déconcertant, tel que : « Testons un peu quels sont nos préjugés à ce sujet. » La plupart d'entre nous ignorons tout de la façon de tester nos préjugés même lorsque nous sentons qu'il serait bon de le faire. Ce test pourrait faire dérailler la réunion pendant plusieurs heures, mais au moins on ne vous testerait pas personnellement.

3. Lancez une belle citation d'un grand PDG respecté de tous. La citation doit bien sonner, même si elle n'a absolument aucun rapport avec la discussion en cours, n'a aucun sens et n'a jamais été prononcée par la personne à qui vous l'attribuez.

Exemple : « Comme le disait Jack Welch lorsqu'il dirigeait General Electric, 'je ne sais pas ce qui me donne le plus la nausée — les dirigeants qui ont trop peur de paraître idiots ou ceux qui ont l'air totalement idiots à force de ne vouloir jamais avoir peur.' »[40]

Levez-vous et partez dans la foulée pour cette capitale.

(Avec un peu de chance, vous trouverez un nouvel emploi là-bas.)

ET À PART ÇA ?

Une fois tous vos paquets-soucis déchargés, c'est comme si vous aviez fait de la place dans un coin de vous-même, un coin qui dirait (pour paraphraser Gene Gendlin) : « Abstraction faite de tous ces soucis, je vais très bien. »

Vous pourriez aussi dire :

— J'ai des soucis mais je ne suis pas mes soucis.

[40] Notez bien que Jack Welch n'a jamais dit cela.

— J'ai des pensées, mais je ne suis pas mes pensées.

— J'ai des sentiments et des sensations, mais je ne suis ni mes sentiments ni mes sensations.

— J'ai un corps, mais je ne suis pas mon corps.[41]

D'accord, mais alors que reste-t-il ?

[41] Pas plus qu'il n'a dit ceci ! Mais d'autres l'ont affirmé. Pour une version plus approfondie (et plus longue) de l'idée en question, lisez le livre de Ken Wilbur, *No Boundary*.

RIEN

ANGOISSE N° 112 — À PART TOUTE CETTE URINE, JE VAIS TRÈS BIEN

Analyses d'urine : la plupart des nouveaux embauchés doivent se soumettre à des analyses d'urine pour la médecine du travail. Ils prennent ainsi un bon départ, quoiqu'un peu stressant.

Imaginez, s'il fallait faire l'analyse avant même d'être embauché, comme c'est parfois le cas aux États-Unis. Vous vous présentez pour un poste de comptable. Vous avez bûché les rapports financiers, la fiscalité et les GAAP de tous les pays du monde lorsque, tout à coup, le recruteur vous agite un petit flacon sous le nez et vous parle d'analyse d'urine.

Je lui dirais tout court que je n'y connais rien en urologie.

Ce n'est pas comme si les sociétés avaient l'habitude de recruter sur les résultats d'une analyse d'urine :

« Finalement, Fred sera notre nouveau comptable. Il ne connaît pas notre secteur, ni aucun autre d'ailleurs, mais nous sommes très impressionnés par son analyse d'urine. C'est exactement ce que nous recherchons. »

ANGOISSE N° 113 — TOUT NU AU BUREAU

Rêve d'un ami : j'arrive au bureau à moitié nu et avec cinq minutes de retard à un important rendez-vous de la direction. À mon entrée dans la salle, plusieurs directeurs regardent leur montre et secouent la tête en signe de désapprobation. Ils ne supportent pas les retardataires.

Les rêves concernant les sous-vêtements suggèrent une vulnérabilité : à moins que vous ne fassiez partie de ces gens qui aiment travailler en petite tenue, comme les top-modèles.

(À quoi ressemblent vos cauchemars ? Je parie que vous rêvez de vos caleçons longs ?)

Ces songes sont en quelque sorte optimistes. Souvenez-vous : vous n'étiez qu'à moitié nu. Bien sûr, il vous manque la chemise et le pantalon, mais vos chaussettes sont sans doute très élégantes.

Mon conseil : soyez fier, comme dans ces publicités où les femmes s'imaginent exécutant des tâches difficiles ou réalisant des performances sportives époustouflantes, simplement parce qu'elles portent une brassière qui maintient bien.

L'une d'elles disait en gros : « J'ai rêvé que j'organisais une soirée pour des députés et des sénateurs et que je les accueillais en brassière. »

Peut-être rêverez-vous un jour un rêve de sous-vêtements similaires : « J'ai rêvé que je rencontrais une demi-douzaine de dirigeants de mon entreprise et que je les accueillais dans mon bureau en caleçon. Ces directeurs avaient l'air gênés de ma tenue et de leurs costumes-cravates. Ils décideront sans doute de venir également en caleçon la prochaine fois. »

Oh oh, retour aux grands espaces vides

Rien du tout ? Il me semble que nous avons déjà parlé de cette histoire de vide, au chapitre trois (Ego). Vous savez, celui au sujet des tables et des chaises qui ne sont que des atomes perpétuellement en mouvement et de ces corps qui ont l'air solides mais ne le sont pas. Bien que vous ayez un corps, tout cela n'est qu'une sorte d'illusion. C'est tout du moins l'avis des spécialistes de la physique quantique selon lesquels (si je m'en souviens bien, mais je suis sûr que ce n'est pas le cas) toute cette matière solide qui constitue un corps n'est en fait pas plus volumineuse qu'un petit pois. Soyons honnête, ce n'est pas avec ce pois que je réussirai à vendre ma soupe.

Laissons la science de côté. La plupart d'entre nous s'accordent à penser que, même sans quelques-unes des parties de notre corps, nous serions toujours nous.

Exemple : je me coupe souvent les ongles des pieds, et pourtant je suis toujours moi. Je pourrais même perdre un orteil tout en restant moi. Bien entendu, ce serait plus désagréable. Même après une opération du cœur nécessitant que les chirurgiens (ou étaient-ce les plombiers ?) me branchent sur un cœur artificiel, je ne serai toujours que moi-même.

En revanche, il y a certaines parties de mon corps auxquelles je suis très attaché, et il me serait difficile de vivre sans. Ma tête, par exemple.

ANGOISSE N° 114 — La coiffure

La semaine dernière, j'ai essayé un nouveau coiffeur pendant l'heure de déjeuner. Au milieu de la coupe, il m'annonce qu'il va me tailler les cheveux verticalement, et non horizontalement. Je ne voyais pas du tout ce qu'il voulait dire par là, mais une telle technicité m'impressionnait énormément.

Et il a continué en avouant que la plupart des coiffeurs ne connaissaient même pas sa technique.

J'ai commencé à me faire du souci : pourquoi les autres ne connaîtraient-ils pas sa technique ? J'étais toutefois trop effrayé pour poser la question.

Il aurait pu répondre qu'il venait juste de l'inventer.

Quelques minutes plus tard, il m'annonça qu'il allait maintenant procéder à la coupe horizontale. Il faut lui reconnaître au moins cela : il a été très franc.

Que se passe-t-il lorsqu'on vous coupe les cheveux dans les deux sens : à la verticale, puis à l'horizontale ? Vous vous retrouvez, pour ainsi dire, la boule à zéro et vous avez enfin l'occasion de réfléchir à tout ce temps que vous perdez à vous soucier de votre apparence physique, à souhaiter que les choses soient différentes et à vouloir absolument avoir plus de cheveux.

Pas de tête

« Le plus beau jour de ma vie a été celui où j'ai découvert que je n'avais pas de tête. Ce n'est pas un effet de style littéraire… je suis très sérieux : je n'ai pas de tête… »[42]

Pas de tête ? Plus beau jour de ma vie ? Mais qu'est-ce qu'il nous raconte ce type ?

J'ai rencontré Douglas Harding à plusieurs reprises et il avait bel et bien une tête. Je pense que je m'en serais sinon aperçu.

Ce qu'il décrivait en affirmant cela était un moyen de voir, de redécouvrir l'évidence. Vous ne pouvez pas voir votre tête, sauf à vous regarder dans un miroir (ou une surface réfléchissante quelle qu'elle soit). Oubliez un

[42] Douglas Harding, anciennement professeur de religion comparée à l'université de Cambridge, auteur notamment de *Vivre sans tête* (Courrier du livre, 1979) et *The Hierarchy of Heaven and Earth.*

instant que vous avez une tête, oubliez les miroirs ! Et regardez-vous d'un œil nouveau, comme si vous étiez un nouveau-né : que portez-vous sur vos épaules ?

« Pas une tête, nous répond Harding lorsqu'il décrit ce qu'il voit, mais ces mots et ce papier, ce bureau et le mur de la pièce, la fenêtre et le gris du ciel au loin… Ma tête est partie et, à sa place, se trouve le monde… »

Harding semble très lyrique à ce sujet : voir le monde sans avoir de tête procède d'un simple glissement de la perception similaire à celui que nous avons effectué en page 44, lorsque nous sommes passés de seize carrés à un peu plus que ça. (MAIS, S'IL VOUS PLAÎT, JE VOUS EN PRIE, NE RETOURNEZ PAS À LA PAGE 44.)

Il a développé son idée : « [Votre vraie nature est faite de] vacuité ou [d']espace ou [d']une contenance pouvant accueillir tout ce dont vous faites l'expérience. […] Ce que vous regardez maintenant c'est cela [cette page]. Ce à partir de quoi vous regardez cela est un espace vide pour cela [cette page]. »

◗ ANGOISSE N° 115 — L'ASCENSEUR VIDE

Je demeurais dernièrement dans un hôtel qui me paraissait tout à fait normal jusqu'au jour où l'ascenseur s'est mis à parler.

Personne d'autre que moi, pourtant, à l'intérieur... J'ai donc supposé qu'il s'adressait à moi. J'ai joué les nonchalants, comme si j'avais l'habitude de parler aux ascenseurs. Nous échangions des banalités : « on monte », « on descend », vous voyez le genre. Impossible de déterminer d'après le ton de sa voix s'il s'inquiétait vraiment de savoir si je voulais monter, descendre ou aller à gauche et à droite.

J'aurais apprécié plus de chaleur de sa part, plus d'émotions. Par exemple, lorsque nous nous sommes arrêtés au 5e et que personne n'est monté, il aurait pu laisser exploser son impatience : « MAIS, ENFIN, À QUEL ÉTAGE SOMMES-NOUS ? »

Il n'a fait aucun commentaire ! Il faut admettre que cet ascenseur était très professionnel.

Ça ne me dérange pas que les ascenseurs parlent, tant que les chambres de l'hôtel ne commencent pas à bavarder. Vous vous imaginez, sortant de la douche le matin, pour entendre la chambre maugréer : « Vous pourriez au moins vous envelopper d'une serviette. Je n'ai pas besoin d'avoir une telle vision à 6 h 00 du matin. »

NE JETEZ PAS ENCORE LE SHAMPOOING RESTANT !

Pas de tête ? Cela semble grotesque. Bien sûr, j'ai une tête — puisque je viens juste de me faire couper les cheveux, et que j'envisage de me les laver.

Douglas Harding cherchait plutôt à décrire le mystère de notre personnalité : qui sommes-nous ? Nous pouvons tous affirmer que nous sommes conscients de ceci, ou de cela, comme nous l'avons fait dans un exercice précédent, page 237. Nous sommes effectivement toujours conscients à un moment ou un autre de quelque chose — que cette chose soit à l'extérieur de nous (comme les caractères imprimés sur cette page) ou à l'intérieur (comme nos sensations corporelles, nos sentiments et nos pensées).

Cependant, toutes ces choses ne sont que les objets de notre conscience. À l'instar des cheveux que l'on m'a coupés et qui tombent au sol, ces objets ne sont pas vraiment moi.

Ils ne sont même pas notre conscience elle-même.

Quelle est cette conscience intelligente, cette « vacuité pouvant accueillir tout ce dont vous faites l'expérience » et qui peut prendre n'importe quelle forme, ou toute identité — ce petit souci-là, cette humeur-ci, « moi » — parce qu'elle n'a pas en soi de forme, d'identité, de *matérialité* ?

Mystère.

La conscience étant toujours consciente de quelque chose, mais n'étant pas elle-même grand-chose, elle constitue un mystère.

Pourtant, elle nous est si familière. Nous avons l'impression d'être toujours une seule et même présence, unique et immuable d'un jour sur l'autre alors que tout autour de nous n'est que flux et reflux : pensées, souvenirs, émotions, sensations, relations, expériences... jusqu'aux cellules de notre corps. Tout autour de nous est en mouvement hormis cette conscience de rien du tout.

Harding suggère que la société nous a réduits à l'hypothèse (similaire à celle de la terre plate) que nous étions ce qu'est notre tête, et plus particulièrement notre visage. Nous nous identifions à notre visage car c'est ce que les autres gens voient de nous. Or, il existe une autre réponse à la question « qui sommes-nous ? », une réponse qui se rapproche plutôt de cette expérience de la conscience, de cet espace vide.

(Bien entendu, tout dépend de qui vous pose la question. « Je suis un grand espace vide » n'est certainement pas la réponse idéale à fournir à un recruteur.)

Notre visage (notre identité propre) est petit, périssable et surchargé, tandis que l'espace vide (la conscience elle-même) semble volumineux, impérissable et insouciant. En passant d'une identification « visage » à une identification « espace vide », nous faisons sans doute une bonne affaire. Pour Douglas Harding, ce passage représente même le plus beau jour de sa vie.

Vous réagirez peut-être autrement. Si vous avez passé la plupart de votre temps, comme beaucoup d'entre nous, à essayer de faire quelque chose de votre vie, vous identifier à rien doit vous mettre mal à l'aise.

Pour se peigner ou mettre une casquette, ça n'est pas très pratique.

Commentaire de Freud : « Oublie tes différentes casquettes. Il te faudrait surtout une nouvelle tête. Changer de coiffeur ne te ferait pas de mal non plus. Essaye ce charlatan de Jung, il peut sans doute te prendre sans rendez-vous. »

ANGOISSE N° 116 — LOIN AU-DESSUS DE NOS TÊTES

Rêve d'un collègue : j'exerce un métier d'une très haute technicité, sans toutefois avoir la moindre idée de ce que je fais car j'ai somnolé au lycée, puis tout au long de mes études et lors des stages de reconversion.

J'essaie de ne pas m'inquiéter. Est-ce si dur que cela ? Après tout, faut pas être sorti de Polytechnique, tout de même. Puis je me souviens soudain que je suis en uniforme, sabre au côté. Et le cauchemar commence.

On entend toujours les gens affirmer qu'il ne faut pas être sorti de Polytechnique, comme pour rejeter le problème qui se pose. Parfois, ils disent aussi : « Pas la peine de se creuser le cerveau. » Je pense que les deux expressions sont interchangeables. Ainsi, quel que soit l'état de votre tête, vous pouvez toujours vous persuader de n'importe quoi.

— Quel est le programme aujourd'hui ? demande le chirurgien-neurologue.

— Dix interventions pour céphalées aiguës dans la journée, dont trois avec des singes.

— Je vous en prie, parlez plus poliment de mes collègues. J'espère qu'il ne faut pas être sorti de Polytechnique pour les guérir de leurs céphalées.

— Non, pas besoin de sortir de Polytechnique, ni même de leur creuser la cervelle.

— Dieu merci !

RIEN

Il ne nous reste donc plus rien. Pas même grand-chose, mais rien : l'absence de toute chose.

Shunryu Suzuki, maître zen : « J'ai découvert qu'il était nécessaire, absolument essentiel, de ne croire en rien. [...] Je ne veux pas dire croire au vide total. [...] Il existe quelque chose [...] quelque chose qui n'a ni forme ni couleur, qui est prêt à prendre toute forme, à se teinter de toute couleur. [...] Ceci est très important. »[43]

Ce que nous sommes vraiment est sans doute différent de ce que nous pensons être. Peut-être ne sommes-nous pas

[43] Tiré de *Esprit Zen, Esprit neuf*, de Shunryu Suzuki (Le Seuil, 1977).

simplement un petit quelque chose d'insignifiant — mais un grand rien époustouflant.

Ce rien de notre existence semble, a priori, une mauvaise nouvelle. Ça ne s'arrange pas : la vie est toujours aussi difficile. Mais ce rien vide de tout nous offre assez d'espace pour pouvoir nous balader, pour sortir de temps à autre de nos petits et grands tracas, et pour sourire. « Abstraction faite de tous ces soucis, je vais très bien »...

Merci d'avoir lu ce livre jusqu'au bout. J'espère que vous vous exercerez à quelques-unes des techniques évoquées ici et que vous les trouverez utiles.

De mon côté, j'essaie de ne pas perdre de vue toutes ces choses, j'essaie d'apprécier le miracle de la vie. Et, de temps en temps, il m'arrive de prendre une dose supplémentaire de vitamine C.

ANGOISSE N° 117 — AU REVOIR

J'ai du mal à dire au revoir. J'ai tellement peur de faire de la peine aux gens. Alors je dis des choses simples : « Il faut que j'y aille » ou « Je vous appelle la semaine prochaine. »

Les entreprises ont le même problème. Heureusement, il y a les cadeaux et les primes de départ. Ça facilite les choses. Si la société ne renouvelle pas votre contrat, elle vous paye une prime conséquente.

Un dirigeant d'entreprise a ainsi signé un contrat prévoyant qu'il toucherait des millions de dollars comme prime de départ.

Légèrement perturbant : « Nous vous estimons tellement que nous sommes prêts à débourser des millions pour ne plus jamais vous revoir. »

J'accueillerais certainement avec plaisir une telle proposition, mais personne ne me l'a jamais faite. Pourquoi personne ne veut-il se débarrasser ainsi de moi ? Cela m'attriste.

Je n'exige pas non plus des millions. Un pont en or me suffirait…

En vérité, je serais déjà tellement content si quelqu'un remarquait simplement que je suis parti…

Liste des angoisses

Table des matières

Au catalogue Marabout

Vie professionnelle

- **50 modèles de lettres pour trouver un emploi**
  F. Le Bras - Poche n° 1911
- **60 exercices pour la concentration**
  M. Noir - Marabout Pratique
- **100 modèles de C.V.**
  F. Le Bras - Poche n° 1921
- **350 pistes pour trouver un emploi**
  F. Le Bras - Poche n° 1953
- **Coaching mode d'emploi**
  S. Rafal et A.-P. Emmenecker - Marabout Pratique
- **Communiquer, mode d'emploi**
  J.-C. Martin - Marabout Pratique
- **Comptabilité facile (La)**
  L. Batsch - Poche n° 1918
- **Contrat de travail (Le)**
  P. Perrin-Jéol - Marabout Pratique
- **C.V. mode d'emploi**
  F. Le Bras - Marabout Pratique
- **Entretien d'embauche (L')**
  F. Le Bras - Poche n° 1940
- **Entretien d'embauche, mode d'emploi (L')**
  F. Le Bras - Marabout Pratique
- **Être enceinte et travailler**
  C. Pellé-Douel et Dr P. Lhuillier - Marabout Pratique
- **Gagnez une heure par jour**
  R. Josephs - Poche n° 1952
- **Gérer son temps pour réussir**
  L. Seiwert - Marabout Pratique
- **Gestion mode d'emploi**
  T. Capron - Marabout Pratique
- **Grand livre des tests de QI (Le)**
  A. Bacus - Actualité

- **Grand guide Marabout de la mémoire (Le)**
  M. Noir - Référence
- **Guide de la communication**
  J.-C. Martin - Référence
- **Guide Marabout de votre CV et de la recherche d'emploi**
  F. Le Bras - Référence
- **Guide Marabout des tests**
  A. Bacus et C. Romain - Actualité
- **Guide du salarié**
  P. Perrin-Jéol - Marabout Pratique
- **Lettre de motivation (La)**
  F. Le Bras - Poche n° 1938
- **Lettre de motivation mode d'emploi**
  F. Le Bras - Marabout Pratique
- **Mettre son CV sur Internet**
  J.-P. Mesters - Marabout Pratique
- **Mieux se connaître pour réussir**
  G. Azzopardi - Poche n° 1954
- **Nouveaux tests de recrutement**
  G. Azzopardi - Poche n° 1931
- **Se remettre à l'anglais en 10 mn par jour**
  A. et G. Mukerjee - Marabout Pratique
- **Se remettre à l'espagnol en 10 mn par jour**
  A. Mukerjee et J.-M. Perez - Marabout Pratique
- **Tests d'entreprise, mode d'emploi**
  G. Azzopardi - Marabout Pratique
- **Travailler en anglais**
  A. Mukerjee - Marabout Pratique
- **Trouver un emploi sur Internet**
  Virga - Marabout Pratique
- **Ze boulot follies**
  Frapar - Maxi

1956

IMPRIMÉ EN ESPAGNE PAR LIBERDÚPLEX (Barcelone)

pour le compte des
Nouvelles Éditions Marabout
D.L. n° 53404 - Décembre 2004
ISBN : 2-501-04148-8
40.0762.1/01